유머는 나의 힘

유머는 나의 힘

초판 1쇄 인쇄 | 2009년 9월 20일
초판 1쇄 발행 | 2009년 9월 25일

펴낸곳 | 도서출판움터미디어

등록 | 1995.09.22(제313-2009-155호)
주소 | 서울시 마포구 대흥동 165-3
전화 | 02-926-4094 팩스 | 02-926-4097

ISBN 978-89-86755-41-1

편집 | 02-925-9033

유머는 나의 힘

목 차 CONTENTS

목 차 CONTENTS

이상한 소리

활주로에서 출발해서 즐겁게 달리던 비행기가 갑자기 되돌아와 격납고로 들어갔다. 그렇게 한 시간 정도가 흘렀을까, 다시 비행기를 이륙하게 되었다.

기내 안에서 뭔가 이상하다고 느낀 승객이 지나가던 승무원에게 물어봤다.

"무슨 일이 있었나요?"

"예, 손님. 저희 비행기 기장이 엔진에서 이상한 소리가 들린다고 해서요. 잠시 멈췄다가 이륙하는 거예요."

"아, 그렇군요! 엔진은 고쳤나요?"

그러자 승무원이 무표정한 얼굴로 손님을 쳐다보며 말했다.

"아니오, 기장을 바꿨습니다."

신혼여행 첫날밤

신랑은 일을 마친 후 신부에게 물었다.

"자기야~~~~ 진짜 내가 처음이었어?"

그러자 신부는 깜짝 놀란 얼굴을 하더니 기가 막히다는 듯 신랑에게 물었다.

"처음 이었어라니??? 그럼 벌써 끝난 거야?"

면도

아침에 남편이 면도를 하다 말고 말했다.

"아침에 수염을 깎고 나면 내가 꼭 십 년은 젊어지는 기분이야."

그러자 아내가 얼른 면도기를 빼앗으며 쏘아붙였다.

"이 웬수야, 그럼 면도를 아침에 하지 말고 저녁 잠자리에 들기 전에 하란 말이야."

글쎄…

화장지 제조회사 사장이 구조조정 문제로 골치를 앓고 있었다.

사장 : 오늘부터 회사를 그만둬야겠네.

직원 : 그만두다뇨? 결혼한 지 얼마 되지도 않았는데……

사장 : 그건 자네 사정이고, 요즘 불경기라 그런지 화장지가 잘 안팔려서 그러네.

직원 : 이상하다, 그렇다고 코 안 닦고 똥 안 닦나?

사장 : ……!?

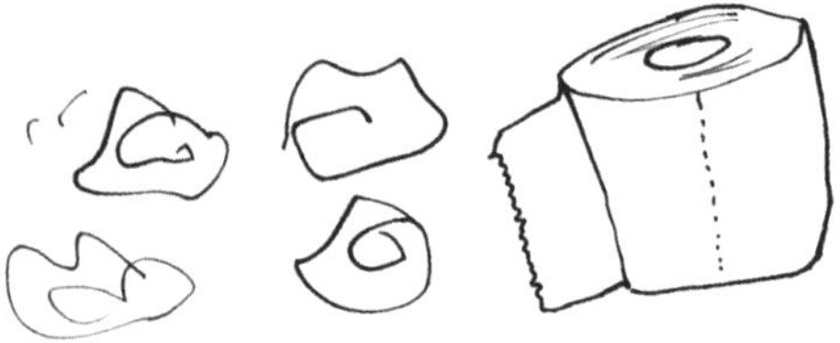

뭐라구요?

어느 꼬마가 붕어빵이 먹고 싶어서 붕어빵집에 갔다.

"아줌마! 붕어빵 5개에 얼마에여??"

붕어빵 아줌마는 혀가 짧았다.

"오띠번."

그 말을 못 알아들은 꼬마가 다시 물었다.

그래도 아줌마는,

"오띠번~!!"

꼬마도 짜증 섞인 목소리로 물었다.

"아줌마~!!! 붕어빵 5개에 얼마냐구여~!!"

그러자 아줌마도 화가 난 듯

"띠번 띠번 띠번 띠번 띠번, 오띠번~!!!"

실습시간 없음

유난히 야한 얘기를 잘하시는 김모 샌님.

특히 우리 반에선 그 강도와 횟수가 딴 반보다 우월했다.

그걸 너무나도 잘 아는 녀석들, 공부하기 싫은 어느 날(맨날?) 샌님을 졸랐다.

"선생님~ 성교육 해 주세요~"

그러자 김모 샌님의 얼굴엔 뭔가 중대한 발언을 준비한 듯 게슴츠레한 미소가 흐른다.

그리고 그 한마디에 우리 반 애들은 거의 쓰러졌고 샌님과 우리들의 볼이 빨개졌다.

"니네들이 성교육 받을 나이냐? 실전해야 할 나이지."

방귀 뀐 사연

◉ 귀 큰 아저씨 / 노태우

미안하고 송구스러운 건 사실입니다만 사람들이 방귀를 뀌는 것은 생리현상의 오랜 관행입니다. 제가 뀐 것은 냄새와 소리까지 제가 가지고 가겠습니다. 저 이 사람 믿어 주세요.

◉ 대머리 아저씨 / 전두환

어디 이 세상에서 방귀 뀌는 사람이 나뿐입니까? 왜 맨날 나만 갖구 그래! 자꾸 방귀 어쩌구 하면 더 이상 방귀 나오지 않도록 단식해 버릴 거야!

◉ 대도무문 아저씨 / 김영삼

칼국수 묵는 내 방귀는 칼칼할 낍니더. 방귀 냄새를 개핵시키기 위해 '이회'(창)두 묵고 '박우유'도 묵었으니 달라질 기라.

◉ 행동양심 아저씨 / 김대중

나는 방귀에 대해 요렇게 생각을 해부러요! 누구는 뀌고 누구는 안 뀌면 쓰것소? 방귀도 지역교체해야한다 이겁니다!

요즘 잘나가는 똥 21인방

◉ **오르가슴 똥**

작업을 끝내고 나면 싸~한 거이 노곤하면서도 뭔가 이뤄냈다는 뿌듯한 느낌을 주는 만족스런 똥.

◉ **코르크 똥**

최소한 투척 직후 일단 가라앉았다가 뜨더라도 뜨는 대부분의 똥에 비해 투척하자마자 곧장 뜨는 똥. 일명 '공기방울똥'.

◉ **이야기 속으로 똥**

분명 뭔가 배출된 것이 감지되었으며, 휴지에서도 적출물을 확인했으나 일어나 변기를 확인해 보면 아무리 휘저어도 그 덩어리를 찾을 수 없는 똥. '여고괴담똥' 으로도 불린다.

◉ **토요미스터리 똥**

분명 뭔가 배출되었다는 것이 감지되었으며, 변기에서도 덩어리가 확인되었으나 휴지에는 아무것도 검출되지 않는 똥.

◉ **불사파 똥**

약 10회 이상 반복하여 똥꼬가 헐도록 휴지질을 하였으나 여전히 잔해물질이 검출되어서 결국은 포기하고 빤스 보호를 위해 한 겹의 휴지를 똥꼬 사이에 삽입하고 나오게 만드는 끈질긴 '빨치산 똥'.

◉ **소방수 똥**

바지를 채 내리기도 전에 소방수가 뿌리는 물줄기처럼 빠지직~ 힘차게 분출되는, 조준을 잘해야 하는 똥.

◉ **찹쌀 똥**

일을 끝내고 물을 내렸으나 변기 면에 밀착, 10여 차례의 물세례에도 꿈쩍도 않고 붙어있는 점도 높은 '고밀도 초접착똥'.

◉ **'아무래도 나 애 낳나 봐' 똥**

직경이 건장한 청년의 팔뚝 굵기를 능가하고 길이가 맥주 큰 병을 초과하는 초대형 똥으로, 배출 후 마치 콜라병 입구를 손가락으로 막았다 순간적으로 빼면 '뺑' 소리가 나는 것처럼 배출과 동시에 똥꼬에서 '빼엉' 소리가 나고 똥꼬 안쪽의 직장에 잠시 동안 진공 상태 또는 공기회오리가 발생하는 '경악을 금치 못할' 똥.

◉ **브랜닥스 똥**

마치 치약 짜듯이 나오는 유형으로, 계속 힘주면 끊임없이 가늘게 나오는 일명 '페리오똥' 으로도 불린다. 물을 안 내리고 퇴적시킬 경우 계속 쌓여 똥꼬에 닿을 위험이 큰 똥.

◉ **화생방전 똥**

자신을 제외한 다른 어느 누구든 3초 이상 흡입할 경우 심각한 구토 증세와 호흡 곤란을 느끼고, 1분 이상 지속적으로 이 가스에 노출되었을 경우 환각증세를 동반하며, 5분이 경과되면 뇌사상태에 이르는 가스를 분출하는 똥. 일명 '신경가스똥'.

◉ **'나는 네가 그곳에 있는 것을 알고 있다' 똥**

대충 끝났다고 생각하고 섣부르게 행동해서는 안 되며 끈기를 가지고 지긋이 앉아 떨어지길 기다려야 하는 마지막 한 방울의 똥. 이 똥을 과소평가하여 그대로 휴지질을 했을 경우, 예상을 뒤엎는 크기의 잔존 똥이 휴지에 적출되기 마련인데 그 적출물이 대부분 휴지조직을 뚫고 손가락까지 침투하는 무서운 똥.

◉ **완봉승 똥**

가장 이상적인 형태의 똥으로서, 직감적으로 휴지질을 할 필요조차 없는 것을 느낄 만큼 완벽하게 똑 떨어지며 깔끔하게 마무리가 되는 똥. 휴지회사가 가장 두려워하는 똥으로, 이 똥 누는 법을 전 국민이 연마해서 터득하게 될 경우 그들은 망함. 일명 '똥토피아' 라고도 불리는 모든 똥싸는 이들이 바라마지 않는 꿈의 똥.

◉ **퇴적층 똥**

한 번의 끊임도 없이 얇고 가늘게 방사형을 이루며 감기면서 쌓이는 똥. 물을 내려도 자국을 반드시 남기는 유형의 똥. 통상 이런 똥을 이뤄낸 후에는 누군가를 불러 그 신기함을 목격케 하고 싶은 강한 욕구를 느끼게 하는 똥.

◉ '방귄 줄 알았지' 똥

앉자마자 그저 퍼퍼벅, 방귀를 한 번 뀌었다 생각했는데 작업이 끝나버림은 물론이고 변기를 가득 채워버리는 똥.

◉ 분수 똥

소방수똥과도 유사하나 소방수똥이 일직선으로 분출되는데 반해 이 유형은 그 비행궤적이 비선형으로 전혀 예측할 수 없게 사방으로 힘차게 분출되면서 똥꼬까지 똥물이 튀는 엽기적인 똥.

◉ 공작새 똥

일어나서 물을 내리기 전 그 화려한 문양에 화들짝 놀라게 되는 예술적인 똥.

◉ 국민체조 똥

너무 크고 딱딱해서 '이걸 과연 무사히 쌀 수 있을까' 하는 걱정이 먼저 들고 그러다가 분출하기 전에 앉았다 일어났다 갖가지 포즈의 국민체조를 해줘서 체내에서 미리 적당한 모양으로 만들어 줘야 겨우 쌀 수 있는 무서운 똥.

◉ 불꽃놀이 똥

여름철 과일을 먹은 후 자주 출현하는 유형으로, 작업을 끝내고 그 정경을 볼라치면 갖가지 모양과 색깔의 과일 씨앗들이 마치 불꽃놀이 하듯이 변기에서 부유하고 있는 똥.

◉ 핵 똥

엄청난 폭발음으로 옆 칸은 물론이고 옆의 여자 화장실까지 그 파열음이 전달되는 똥. 기록에 의하면 건물의 다른 층까지 전달되는 경우가 있다고 하는 파괴적인 똥.

◉ '아하! 그랬구나!' 똥

너무도 무서운 속도로 분출되기에 도대체 어떻게 된 건지 의아해하다가 작업을 끝낸 후 마지막으로 큰 방귀가 나오면서 '아하 이거에 밀려 나왔구나' 하고 깨닫게 해 주는 과학적인 똥.

◉ '너무 늦었어' 똥

설명 생략.

100원 때문에

일을 끝내고 일어나다가 100원짜리 동전을 변기 안으로 떨어뜨린 양종팔.

"으악!"

밖에서 기다리고 있던 춘식이가 물었다.

"무슨 일이야?"

"변기 안에 100원짜리를 떨어뜨렸어."

춘식이가 문을 열고 들어와서 말했다.

"어떻게 할 건데?"

그러자 양종팔이 잠시 생각하다가 말했다.

"난 겨우 100원 때문에 손을 더럽히고 싶지는 않아."

그러더니 주머니에서 500원짜리를 꺼내서 변기 안으로 던졌다.

애인 VS 마누라

◉ **환상이 깨질 때**

– 애인〉 화장 안 한 맨얼굴을 봤을 때!

– 마누라〉 화장해도 그 얼굴이 그 얼굴일 때!

◉ **싸우는 이유(1)**

– 애인〉 약속 시간 일분 지각, 하루에 전화 스물두 번 안 한 것!

– 마누라〉 사소한 립스틱 자국, 새벽 네 시의 빠른 귀가 시간!

◉ **싸우는 이유(2)**

– 애인〉 다른 이쁜~ 여자에게 눈길 돌려서.

– 마누라〉 다른 이쁜~ 여자에게 용돈 준다고.

◉ **쓸데없는 걱정**

– 애인〉 저렇게 먹는 게 부실해서 몸이 약해지면 어쩌지.

– 마누라〉 저렇게 많이 처먹어서 배 터져 죽으면

어쩌지.

◉ **좋아하는 것들**

– 애인> 관심, 사랑, 표현, 분위기, 만남, 약속 등.

– 마누라> 돈, 외식, 잔소리, 밥통, 선물, 파~~워 등.

◉ **애정 표현**

– 애인> 자기! 정말 사랑해~~~

– 마누라> 여보! 보약 달여놨어용~~~

◉ **콧소리**

– 애인> 애교 부리는 거 같아 기분 좋다

– 마누라> 밤마다 들으면서 시달린다.

◉ **즐겨 먹는 음식**

– 애인> 피자, 스파게티, 스테이크, 떡볶이 등의 양분식류!

– 마누라> 콩나물 비빔밥에 손으로 찢어먹는 김치의 한식류!

◉ **가장 큰 착각**

– 애인> 아마 애인 없음 못 살 거야!

– 마누라〉 절대 마누라는 모를 거야!

◉ **옛날이 그리울 때**

– 애인〉 호출도 자주 안 해 주고 만나는 횟수가 줄어들 때!

– 마누라〉 내가 사 준 청바지 실밥이 위태로울 때!

◉ **팔자라고 느껴질 때**

– 애인〉 이 여자 저 여자 만나 봐도 별 여자 없을 때!

– 마누라〉 미우나 고우나 토끼 같은 자식들을 볼 때!

◉ **대단해 보일 때**

– 애인〉 길거리 한복판에서 뽀뽀 하자고 할 때!

– 마누라〉 물건 값 잘 깎고 몸빼 입고 돌아다닐 때!

◉ **속았다고 느껴질 때**

– 애인〉 첫사랑이라고 믿었는데 내가 서른두 번째 남자일 때!

– 마누라〉 이슬만 먹는 줄 알았는데 밥통 들고 주

걱으로 밥 먹을 때!

◉ **운전 가르쳐 줄 때**

– 애인〉 실수하면 손잡는 재미로 귀엽게 봐 준다.^^

– 마누라〉 실수하면 욕하는 재미로 절대로 안 봐준다.^^

◉ **자주 드는 생각**

– 애인〉 이보다 더 좋을 순 없다.

– 마누라〉 힘센 마누라는 여자보다 아름답다.

◉ **꼴 보기 싫을 때**

– 애인〉 마누라도 아니면서 사사건건 잔소리할 때!

– 마누라〉 여자도 아니면서 여자인 것처럼 행동할 때!

◉ **자주 하는 말**

– 애인〉 사랑해! 보고 싶어! 전화할게! 잘 자! 그래! 알지? 등등.

– 마누라〉 하지 마! 죽고 싶어! 그냥 잘게! 시끄! 싫어! 몰라! 등등.

◉ **자주 듣는 말**

– 애인〉 전화해! 잘 가! 바람 피지 마! 자기야! 알았어! 정말? 등등.

– 마누라〉 애계…… 끝이야? 벌써? 빨랑 좀 해 봐, 인간아! 힘 좀 써! 에휴! 등등.

◉ **다이어트**

– 애인〉 뺄 데가 어딨냐며 맘에도 없는 말을 가끔 한다.

– 마누라〉 뺄 데가 장난이 아니라며 마늘만 먹여 곰 부인 만든다.

◉ **사랑스러울 때**

– 애인〉 힘들고 피곤할 때 옆에서 위로해 줄 때!

– 마누라〉 힘들고 피곤할 때 옆에서 조용히 잘 때!

비교되는 남자

◉ **흥분한 남자**

– 바지가 반쯤 돌아가 있어서 지퍼를 찾을 수 없자 바지를 찢고 소변을 보는 남자.

◉ **사교적인 남자**

– 소변이 마렵든 안 마렵든 친구를 따라가 소변을 보는 남자.

◉ **사팔뜨기 남자**

– 옆 사람과 무언가를 비교하느라 자꾸 눈이 좌우로 돌아가는 남자.

◉ **겁쟁이 남자**

– 누군가 지켜보고 있으면 소변을 볼 수 없어 변기의 물을 내리고 나중에 다시 오는 남자.

◉ **무차별한 남자**

– 만약 모든 변기가 사용중이면 세면대에다 소변을 보는 남자.

◉ 불안증 남자

– 자기 물건이 최근에 잘 있는지 확인해 보는 남자.

◉ 어린애 같은 남자

– 소변 줄기를 변기의 위, 아래 그리고 좌우로 휘둘러대며 열심히 파리나 벌레를 맞추려고 애쓰는 남자.

◉ 스포츠형 남자

– 변기2미터 후방에서 소변을 보더라도 정확히 변기에 분출시킬 수 있는 남자.

◉ 꽃가게 점원형 남자

– 모든 변기에 돌아가면서 조금씩 볼일을 보는 남자.

◉ 정신 나간 남자

– 웃옷을 벗고 넥타이를 꺼내고는 팬티에다 소변을 보는 남자.

◉ 터프한 남자

– 소변을 털어내기 위해 그걸 변기에다가 탕탕 치는 남자.

◉ 참을성 있는 남자

– 오랫동안 변기 앞에 서서 물건이 마를 때까지 기다렸다가 다른 손으로 말랐나를 확인하는 남자.

◉ 효과적인 남자

– 대변 마려울 때까지 기다렸다 두 가지를 한꺼번에 해결하는 남자.

◉ 술취한 남자

–오른손으로 왼손 엄지손가락을 붙잡고 팬티에 소변 보는 남자.

◉ 낙담한 남자

– 한참 동안 소변이 나오기를 기다리다가 포기하고 가는 남자.

◉ 기만적인 남자

– 3센티짜리 물건을 야구 방망이 잡듯이 붙잡고 서있는 남자.

◉ 황당한 남자

– 차례를 기다리며 이를 악물고 서 있다가 팬티에다 실례하는 남자.

친구도 등급이 있다!

◉ **정의**

- A등급〉 잘 키운 친구 하나 열 형제 안 부럽다.

- B등급〉 미우나 고우나 가끔씩 폭탄제거반이 되기도 한다.

- C등급〉 친구가 아니라 웬수라 일생에 도움이 안 된다.

◉ **어려울 때**

- A등급〉 몸과 마음을 다해 도와준다.

- B등급〉 마음만이라도 따뜻하게 해준다.

- C등급〉 말만 잘한다.

◉ **계산할 때**

- A등급〉 능력껏 계산한다.

- B등급〉 부담없이 분빠이다.

- C등급〉 슬리퍼 신은 주제에 끈 묶는 척한다.

◉ **호칭**

- A등급〉 이름을 불러준다.(철수야! 영희야!)
- B등급〉 간단하게 불러준다.(야! 어이! 애!)
- C등급〉 이름이 뭐더라???(변태! 날라리! 푼수!)

◉ **술을 마시면**

- A등급〉 집까지 안전하게 데려다 준다.
- B등급〉 알아서 가겠지 하고 그냥 간다.
- C등급〉 중간에 이미 사라진다.

◉ **다투고 난 후**

- A등급〉 먼저 전화해서 사과를 한다.
- B등급〉 내가 전화해서 사과해야 자기도 사과한다.
- C등급〉 맨입으로는 까딱도 않는다.

◉ **자주 하는 말**

- A등급〉 힘내! 내가 쏜다! 얼굴 많이 상했구나! 건강해라 등
- B등급〉 왜 그래? 한잔 할까? 혈색 좋다! 알아서 해 등
- C등급〉 돈 좀 빌려줘! 한잔 사줘! 잘 묵고 잘 살

아! 너나 잘해 등

◉ **내기할 때**

- A등급〉 기분에 맞춰서 일부러 져줄 때도 있다.

- B등급〉 눈에 불을 켜고 이기려고 한다.

- C등급〉 이기면 다 챙겨 먹고 지면 없던 일로 한다.

◉ **생일날**

- A등급〉 진심으로 축하를 해주며 선물도 준다.

- B등급〉 선물의 약 세 배 정도 먹어 치운다. *_*

- C등급〉 참석한 데 의의를 두며 뿌리를 뽑는다.

◉ **오랜만에 만났을 때**

- A등급〉 "정말 오랜만이다. 그동안 어떻게 지냈어? 너무 반갑다!!!"

- B등급〉 "살아 있었냐? 오랜만에 만났으니 한잔 사라!!!"

- C등급〉 "누구세요? 너 나 알어? 저번에 꾼 돈 얼릉 갚어!!!" @.@

◉ 집에 놀러갔을 때

- A등급〉 있는 것 없는 것 정성껏 차려 준다.^O^

- B등급〉 약간 귀찮아하면서 라면 아니면 짜장면 시켜 준다. -_-

- C등급〉 빈 냉장고 보여 주며 알아서 사오게끔 만든다. ㅜ.ㅜ

◉ 재미있는 이야기해 줄 때

- A등급〉 이야기하면 박장대소하며 웃어 준다. ^O^

- B등급〉 그냥 입 꼬리만 살짝 올라간다. ^.^ ^_^

- C등급〉 우습게 생각한다. @.@*_*

◉ 특징

- A등급〉 좋은 대학, 좋은 직장 구해야 할 텐데! 등 덕담.

- B등급〉 나보다 돈 많이 벌면 어쩌지, 내 차보다 비싼 거잖아! 등 비교.

- C등급〉 쟤는 항상 저러더라, 너 잘났다! 등 험담.

◉ 만나는 이유

- A등급〉 우정 도모, 의논, 세상 사는 이야기 등으

로 보고 싶어서.

- B등급〉 곗날, 경조사, 업무상 등으로 용건이 있어서.

- C등급〉 따질 거 따지러, 누가누가 잘사나, 호박씨 까려고.

◉ **전화 용건**

- A등급〉 안부 전화, 소개팅 건수, 회식자리 동참 등이 이유다.

- B등급〉 핸폰 성능 시험, 심심풀이, 도움 요청 등의 이유다.

- C등급〉 빗독촉, 장난전화, 화풀이 등의 이유다.

◉ **애인 인사시켜 주면**

- A등급〉 잘 어울린다, 천생연분이다, 이런 말 해준다.

- B등급〉 애인이 아깝다, 오래 갈라나? 이런 소리 한다.

- C등급〉 도대체 몇 번째야? 지겹다! 이렇게 지껄인다.

악(惡)VS선(善)

◉ **지하철**

– 지하철 안에서 여대생이 성추행 당하는 걸 보고 재미있어 하는 걸 악이라 한다.

– 성추행 하려고 여대생에게 접근하는 남자를 몸으로 밀어버리는 것을 선이라 한다.

◉ **버스**

– 노인이 타는 걸 보자마자 눈을 지그시 감는 걸 악이라 한다.

– 노인이 타는 걸 보자마자 일어나 손 흔들며 여기로 오셔서 앉으세요~ 하는 걸 선이라 한다.

◉ **지갑**

– 지갑을 주웠을 때 그대로 주인에게 돌려주는 것을 선이라 한다.

– 지갑을 돌려받고 지갑 안에 있는 돈이 모자란다며 째려보는 것을 악이라 한다.

◉ 성금 내기

– 성금 쬐금 내고 사진 찍고 기자 부르고 노인과 애들 피곤하게 만드는 것을 악이라 한다.

– 몇 억을 내면서 이름을 알리지 말라. 평생 김밥 팔아 번 돈을 성금으로 내놓는 것을 선이라 한다.

◉ 운전

– 초보운전자 헤매고 있을 때 뒤에서 빵빵대며 욕하는 것을 악이라 한다.

– 초보운전자 헤매고 있을 때 천천히 따라와 주며 에스코트하는 것을 선이라 한다.

◉ 강도

– 여직원만 있는 금고에 들어가 칼 들이대고 돈 뺏는 것을 악이라 한다.

– 그 강도에게 맞아가며 끝까지 싸워 이긴 여직원을 선이라 한다.

◉ 부부

– 연애 시절 너의 손에 물 한 방울 안 묻힌다. 결혼 후 물 마를 날이 없다..... 악이라 한다.

- 부인과 동등한 입장으로 결혼 생활 한다..... 선이라 한다. 설거지, 빨래...... -_-;;

◉ **어느 청년의 이야기라는 글을 읽고**

- 할머니 차비 안 낸다고 욕하는 버스기사를 우린 악이라 한다.

- 할머니 대신 요금통에 돈 넣어주는 청년을 우린 선이라 한다.

◉ **장애인**

- 지하철에서 바구니 들고 동냥하는 장애인을 보고 100원을 넣어도 선이라 한다.

- 그 장애인, 내릴 땐 정상적인 사람으로 변하는 것을 악이라 한다.

◉ **국회의원**

- 당선 전 내세웠던 공약, 당선 후 없었던 일로 하는 것을 악이라 한다.

- 자신의 무능함을 알고 양심적으로 국회의원 퇴임하는 것을 선이라 한다.

◉ **유머방**

- OK 치면 야한 사진이 나온다고 사기 치는 사람들을 모두 악이라 부른다.

- 재미있는 글을 읽고 웃음 지었으면 OK 치는 것을 선이라 한다. ^^;;

◉ **천리안**

- 접속 후 자주 일어나는 통신 장애, '잠시 중단됐습니다.'…… 우린 악이라 부른다(전화비 잡아먹고 서비스 요금 올라가니까).

- 기본요금 팍팍!! 깎아 주고 서비스 질을 높이는 것을 선이라 한다.

◉ **야한 테잎**

- 보여줄랑 말랑 보여줄랑 말랑 하다가 끝까지 안 보여주는 것을 악이라 한다!! -_-;

- 아예 그런 영화를 안 만드는 것을 우린 선이라 한다.

코크우먼

펩시맨이 한창 뜨고 있을 때 경쟁사인 코카콜라에서는 당연히 가만 있을 수 없었다. 그들 또한 코카콜라를 대표할 캐릭터 만들기에 온 힘을 기울인 결과 드디어 '코크우먼' 이라는 전대미문의 예쁘고 섹시한 여자 캐릭터를 만들기에 이르렀다. 그리고 그 캐릭터를 토대로 막대한 예산을 투자해 '코크우먼CF' 를 탄생시켰다.

그런데……

이게 웬일인가? 그 CF가 방송을 타자 그 즉시 전례없는 대규모 판매 적자가 기록되기 시작했다.

도대체 무엇 때문일까?????

이유는 아주 간단했다. 많은 예산을 투자 했던 그 CF의 마지막 멘트, 우리의 '코크우먼' 은 당당히 외쳤다.

"콧꾸머어~~~~엉"

카스 맥주 지방자치방송

◉ 오리지널 버전

– 난데없이 그녀가 친구들과 함께 나왔습니다. 왜 그렇게 마셔대는 지...... 난 웃고 있었지만 내 지갑은 기절했습니다. 바로 그때(화장실에서 여자가 미소를 지으며 남자에게 지갑을 건네준다.) 너무 이쁜 그녀, 나는 정말 행복한 놈입니다.

◉ 경상도 버전

– 별 시럽끄로 지집아들 한베까리 떼거지로 끄지꼬은 가시나, 문디가시나~ 콱 뽀싸뿔라. 말라코 맥주만 그리 쳐마셔대는지 기절 초풍 했심더! 바로 그때(변소 깐에서 그 가시나가 지갑을 통째로 주는 기 아입니꺼) 문디 가시나~ 내사 마 진짜로 행복한 놈임더.

◉ 전라도 버전

– 뜬금없이 가이내들 허벌나게 끌고온 내 가이네, 염병~ 워메 징한거. 나야 헤벌레 했었지만 나의 지갑이야 허벌라게 울고 있었지라~ 그니 시방(뒷간에서 그 가이내가 지갑을 통째로 주고 가더라고잉) 겁나게 이쁜 가이내, 난 행복한 놈이랑께.

◉ 제주도 버전

– 두렁청하게 비바리가 지 친구들을 데령와 부었주게 무사덜도 경백주는 잘 먹을꽝. 난 웃었습시어엿주마는 내 지갑은 거의 기절하여 갑신디, 바로 그때(뒷간에 강으네 그 비바리를 봐신디 지갑을 나신디 몽땅 줘~ 으네 가볼멘) 니초롭 곱떠 하니 요망진 비바리 난 정말 행복한 소나이우다.

엉뚱한 놈

'멋진 만남'에서 경쟁심이 불타오른 남희석과 이휘재. 단 한판으로 승부를 내기로 했다. 그 승부는 곰의 간과 옆집 순이의 순결을 빼앗아 오는 것이었다.

먼저 남희석이 "내가 먼저 하도록 하지!"라고 하며 곰 굴로 들어갔다.

요란한 소리가 난 뒤 1시간 후 나온 남희석의 멋진 한마디.

"헉헉, 이제 순이의 간만 빼오면 된다."

이럴 땐 어떡하지?

◈ 버스 안에서 자리를 양보하려고 할머니를 내 자리로 모셔왔는데, 그 사이에 다른 할머니가 그 자리에 앉아 있을 때.

◈ 지리산 해발 1500미터 산장에서 그토록 먹고 싶은 죠스바를 거금 1500원에 샀지만 봉지를 뜯다가 땅에 떨어뜨렸을 때.

◈ 대학로에서 나란히 손잡고 걸어가는 긴 머리의 아가씨 둘을 보며, 둘 중 누가 더 이쁠까 하고 궁금해 하다가, 옆으로 지나칠 때 머리 긴 놈 하나가 남자라는 걸 알았을 때.

◈ 그런데 자세히 보니 그 옆에 있는 넌(?)도 남자였을 때.

◈ 운전하다가 무단횡단하는 여자 때문에 급정거한 후, 기사아저씨가 "야, 이년아 죽고 싶어?" 라고 소리쳤는데, 그 년이 년(?)이 아니라 남자였을 때.

◈ 신문에 박찬호 경기가 새벽 5시에 시작한다고 해서 꼭두새벽같이 일어났지만, 우리 집에 인천방송이 안 나온다는 걸 알았을 때.

◈ 할 수 없이 그 길로 대중목욕탕 탈의실에 있는 TV로 보려고 새벽같이 목욕탕에 갔는데, 마침 그날이 목욕탕 정기휴일이었음을 알았을 때.

◈ 취직하고 처음으로 맞는 명절에 고향에 가서 어린 동생들에게 기분 내며 세뱃돈을 주는데, 7살짜리 꼬마의 지갑에 내가 가진 돈보다 많은 거액이 들어 있음을 보았을 때.

◈ 잔뜩 술에 취한 친구가 택시 안에서 오바이트를

하려고 하길래, 비닐봉지를 갖다 댔더니 급회전하는 바람에 내 옷에다 그걸 묻혔을 때.

◈ 그거 보고 나도 따라서 오바이트했을 때.

◈ 아끼는 와이셔츠 빨려고 욕실에다 세제 풀어서 빨랫감을 담궈뒀는데, 친구들이 그걸 보고 "걸레도 저렇게 세제 풀어서 깨끗하게 빠니?"라고 물어볼 때.

◈ 노래방에서 2분 정도밖에 안 남았고 뒤에 예약곡도 있는데, '킬리만자로의 표범을' 언 놈이 "나나나나나~~~~"부분 끝까지 부를 때.

◈ 그리고는 몇 점 나왔는지 점수까지 보고 나가자고 할 때.

◈ 술집에서 술 다 마시고 화장실 갔다오니까, 다들 돈 안 내고 나가버렸을 때.

◈ 할 수 없이 내가 뒤집어쓰며 계산하고 있는데, 한 놈이 뭐 잊고 온 게 있어서 왔다가, 나 혼자 계산하는 거 보고도 모른 척하고 지나칠 때.

◈ 외국에서 살다 온 친구 약속 시간 한 시간이나 늦길래 버럭 화를 냈더니, 한국은 왜 섬머타임 안 하느냐고 도리어 화를 낼 때.

◈ 화장실에서 볼일 보고 있는데, 옆 칸에서 뭐라 지껄이길래, 세상에 똥 누면서 전화하는 놈도 다 있군 하며 생각했는데, 나중에 혼자 지껄이는 것이었음을 알았을 때.

◈ 야구장에서 표 사려고 줄 서 있는데, 제복을 입은 사람이 "실례합니다."하길래 비켜줬건만 야구장하고는 아무 관계 없는 사람임을 알았을 때.

◈ 더욱이 몇 십 명을 제치고 유유히 먼저 표 사는

모습을 보았을 때.

◈ 냉면 먹으면서 고기 한 점 아껴 먹으려고 안 먹고 남겨 두니까, 옆에 놈이 "너 고기 싫어하는구나." 하면서 내 고기 덥석 집어 먹을 때.

◈ 직장 사람들이랑 밤새도록 술 먹고 집에 왔는데, 내 발에 신겨진 구두가 과장님 것이었음을 알았을 때.

◈ 그리고 곰곰이 생각해 보니 과장님이 평소에 무좀 양말을 신고 다녔음을 알았을 때.

예쁜 여자만 밝히는 남자들의 공통점 세 가지

- 본인은 못 생겼다.
- 본인은 그 사실을 모른다.
- 그럼에도 불구하고 예쁜 여자만 밝힌다.

극장에서, 이런 관객 짜증난다

◈ 늦게 들어와서 스크린 가리고, 핸드폰 통화하고 큰 소리로 친구 부르고 라이터 켜서 자리 찾고……

◈ 야한 장면 나올 때 헛기침하는 사람. 사춘기 때 2차 성징이 호흡기 쪽으로 발달한 모양이다. 다른 신체의 변화도 많을 텐데 하필이면 기침이 나는 걸까?

◈ 다음 스토리 큰 소리로 얘기하는 사람. "저 주인공, 다음 장면에서 죽는다…… 거봐, 죽었지? 내 말이 맞지?" 이런 남자완 절대 사귀지 말자.

이런 맛 둘이 먹다 하나 죽어도 모른다

◈ 소개팅하고 집에 와서 밥통째 끌어 안고 먹는 비빔밥

◈ 오빠 소풍날 아침에 얻어 먹는 김밥 꽁다리.

◈ MT 가서 아무거나 넣고 끓여 코펠 뚜껑에 비벼 먹는 잡탕찌개.

◈ 체육시간 교실 지킨다고 남아서 뒤져 먹는 친구 도시락.

◈ 수학여행 가서 밤중에 선생님 몰래 마시는 소주 한잔.

◈ 군대에서 보초 서다 와서 먹는 컵라면.

◈ 샤워하고 들이키는 시원한 맥주 한잔.

◈ 제사 때 엄마한테 맞아가며 먹는 동그랑땡.

◈ 수업시간에 선생님 몰래 훔쳐 먹는 친구 도시락.

◈ 1주일 동안 병원 밥 먹다 집에 와서 엄마가 해 주는 밥 먹을 때.

어찌 된 사연인고 하니

다리가 하나밖에 없는 불구자가 있었다. 그는 하는 일마다 성사되는 일이 없고 늘 자신을 향한 사람들의 손가락질을 견디다 못해 끝내 자살하기로 맘 먹었다.

자살할 마음을 먹고 낭떠러지를 찾아갔다. 그런데 그곳에서 이상한 광경을 목격하게 되었다. 두 팔이 없는 불구자가 비실비실 웃으며 춤을 추고 있는 것이었다. 그래서 물었다.

"내는 다리가 하나밖에 없는 것이 서러워 자살할라 카는데 니는 팔 두짝이 다 업는기 뭐가 좋다고 웃어 싸면서 춤추고 있노?"

그러자 팔 두짝이 없는 불구자가 말했다.

"니도 똥구녕 간지러워 보라!!!!"

'지' 자로 끝나는 말은

카페에서 연인들을 상대로 이벤트를 벌이고 있었다.

상품이 빵빵한 퀴즈풀이였다.

"우리 몸 중에는 '지' 자로 끝나는 부위가 몇 군데 있는지 아시는 분?"

사람들의 갸웃거리는 고개 사이로 "허벅지!!" "장딴지" "엄지!" "검지!!"라고 소리가 여러 사람 입에서 나왔다.

그러자 사회자 "네, 맞습니다. 하지만 그 정돈 누구나 아는 수준이고, 또 없을까요??" 하며 묻는다.

그의 말 끝에 야릇한 장난기가 묻어나는 게 아마도 우리 몸의 소중한 생식기 부분을 떠올리며 누군가가 그 말을 하게끔 유도하는 듯했다. 그러나 대부분이 연인들끼리 온 터라 애인 앞에서 쉬이 그 말을 할 수가 없었던 걸까??

사람들이 고민에 고민을 하던 중에 씩씩한(?) 한 여자의 목소리가 들려왔다.

"해골바가지!!!"

순간 물을 뿌린 듯 조용해지는가 싶더니 음악실이 떠나가라 웃음보가 터졌다. 사회자도 어처구니가 없는 듯 한참을 웃더니 그 여자를 무대로 불러냈다.

뜻밖에 그녀는 얼굴도 이쁜 소위 말하는 퀸카였다.

어떻게 저런 여자 입에서 해골바가지란 소리가 나왔는지 어떨떨한 지경이었다.

이어 사회자가 웃음을 참으며 물었다.

"또 없을까요?"

그는 이제는 성을 가리키는 부분 말고는 없을 거라는 듯이 의기양양해 하며 물었다.

그러자 잠시 곤혹스런 표정을 짓던 그 아가씨의 얼굴이 활짝 펴지면서.

"모가지!!"

음악실에 또 한바탕의 웃음이 지나가고 있었다.

참 대단한 아가씨네.

사회자도 두 손을 드는 듯 하더니.

"마지막으로 한 번만 더 물을 게요. 또 없을까요?? 이번에도 대답을 하시면 선물을 따블로 드리겠습니다."

그 아가씨, 진지하게 고민하는 모습에서 모든 사람들이 이젠 정말 드디어 이 아가씨도 두 손을 들겠거니 생각할 때쯤. 그녀의 재치(?)가 또 한 번의 빛을 발했다.

"배때~지!!"

하나밖에 없는 이름

◈ 일본에서 가장 무서운 사람 - 도끼로 이마까

◈ 그의 부인 - 바께스로 피바다

◈ 그의 큰아들 - 안깐데만 골라까

◈ 그의 작은아들 - 깐데 또까

◈ 일본 수도국장 - 무라까와 쓰지마

◈ 일본 제일의 낚시꾼 - 다나까

◈ 프랑스의 불효자 - 에밀 졸라

◈ 세계적인 깡패 형제 - 칠레, 펠레

◈ 프랑스에서 가장 유명한 2인조 도둑 - 담폴짝과 이불몽땅

◈ 일본에서 가장 뚱뚱한 사람 - 산사이도 모까

◈ 러시아의 스키 국가대표 주장 - 젤잘타 스키

◈ 프랑스에서 가장 유능한 형사 - 니들 다 고랑

◈ 사우디아라비아의 열성적인 교육자 - 하나라도 알라

◈ 인도의 유명한 요가 선수 - 안꼰다리 골라꽈

◈ 일본 제일의 부자 - 도느로 똥따까

◈ 세계에서 가장 키 큰 사람 - 스카이 푹 질러 우스워스키

◈ 러시아의 불효 막심한 사람 - 에미치네 호로스키

◈ 우리나라에서 술을 제일 잘 마시는 사람 - 노상술

◈ 일본에서 가장 마음이 약한 자매 - 우야꼬야 우짜고

◈ 러시아에서 가장 유명한 깡패 형제 - 자바스키와 구타스키

◈ 일본에서 유명한 비뇨기과 의사 - 다까세

◈ 중국에서 가장 유명한 정신과 의사 - 띵해

◈ 중국에서 가장 유명한 축구선수 - 뻥차우

어떤 미친 남자와 미친 여자가 결혼을 했는데 그들 사이에는 아이가 둘이 있었다. 그런데 어느 날 아이들이 싸우는 것을 보고 아내가 남편에게 말하기를.....

"여보, 당신 아이와 내 아이가 우리 아이를 때리고 있어요!"

해당사항 있음

신문을 돌리는 한 꼬마가 이렇게 외쳐댔다.

"호외요, 호외!! 순식간에 어른 50명이 꼬마 한 놈에게 사기 당했어요!!"

그 소리를 들은 미달이 아빠는 신문을 사기로 했다.

"꼬마야, 그 신문 한 장에 얼마니?"

"싼 값에 드리죠, 800원이에요."

"윽, 머가 이래 비싸?"

미달 아빠는 신문을 사서 호외 기사를 찾았다.

그러나 아~~무리 찾아 봐도 그런 기사는 없었다.

꼬마 놈에게 속았다고 투덜대고 있을 때, 그 소년이 거리를 뛰어다니며 외치는 말.

"호외요, 호외!! 순식간에 어른 51명이 꼬마 한 놈에게 사기 당했어요!!"

특기

어느 방송사에서 탤런트를 모집하기 위해 심사를 하고 있었다.

"자, 다음 사람 들어오세요."

한 남자가 들어왔다.

"자네의 장기는 무엇이지?"

"저의 장기는 하늘을 나는 것입니다."

"이 사람 완전히 돌았잖아, 당장 나가!"

그러자 남자는 화를 내며 창문을 깨고 날아가 버렸다.

"아깝군. 자, 다음 사람!"

한 남자와 개가 들어왔다.

"저의 개는 말을 할 수 있습니다."

'이 사람도 돌았잖아. 그래도 혹시 모르니까 기회를 줘야지.'

"어디 봅시다."

"자, 보송아, 벽이 영어로 뭐지?"

"월월! 월월!"

"그럼 영어 '킹' 은 한국말로 뭐지?"

"왕왕! 왕왕!"

심사위원은 개장난에 놀아난 것이 분통 터져 당장 나가라며 소리질렀다. 그런데 방문을 나가면서 개가 위원에게 남긴 한마디.

"왕이라고 안 하면 임금이라고 해야 정답이냐?"

아는 척

멍청이 사오정들이 모여 있는 학교로 영어선생님이 전근해 오게 되었다. 영어선생님은 멍청한 사오정들을 좀 더 흥미롭게 교육할 방법을 생각하다가 제스처를 이용해야겠다고 생각했다.

영어선생님이 기세등등하게 손을 앞으로 팍 내밀면서 물었다.

"이게 뭐죠?"

그러자 사오정이 벌떡 일어나며 말했다.

"핑거~~~!"

선생님은 너무 흡족해서 눈물이 날 지경이었다.

그러자 이내 사오정은 티미한 눈으로 입가에 미소를 띄우며 선생님에게 다가오더니 펼친 손을 접으면서 말했다.

"오므링거~~~~~!!"

애한테 물어보렴

어느 날 사오정이 모처럼 큰맘 먹고 족발을 사 가지고 왔다.

아들이 좋아하며 사오정에게 말했다.

"와, 아빠! 웬 족발이에요?"

곤란한 듯한 사오정의 한마디.

"글쎄…… 왼쪽 발인가, 오른쪽 발인가……"

바보 아냐?

사오정하고 손오공이 면접시험을 보러 갔다. 사오정은 시험관의 말을 잘 못 알아들을까 봐 손오공더러 면접 때 말한 답을 적어달라고 부탁했다.

손오공이 들어갔다.

면접시험관이 좋아하는 축구선수가 누구냐고 물었다.

"예, 옛날엔 차범근이었지만 지금은 박지성입니다."

면접시험관의 두 번째 질문.

"산업혁명은 언제 일어났지?"

"네, 16세기 말입니다."

마지막으로 질문은 UFO가 실제 존재하는 것인가 하는 것이었다.

"과학적으로 증명되진 않았지만 저는 있다고 믿습니다."

사오정은 손오공이 적어 준 대로 답을 외웠다.

그런데 사오정 차례가 되었을 때는 면접시험관이 다른 사람으로 바뀌어 있었다.

"자네 이름이 뭔가?"

시험관이 묻자, 사오정은 손오공이 적어 준 대로 외운 답을 자신 있게 말했다.

"옛날엔 차범근이었지만 지금은 박지성입니다."

"자네가 태어난 해는 몇 년도인가?"

"네, 16세기 말입니다."

"뭐야? 자네 바보 아닌가?"

"과학적으로 증명되지 않았지만 저는 그렇다고 믿습니다."

"……"

어쩔 수 없어서

옛날에 손오공, 사오정 그리구 이름 모를 돼지가 살고 있었어여.

그런데 그 놈의 돼지가 하두 처먹어서 손오공이랑 사오정이 살기가 힘들어졌답니다. 그래서 손오공과 사오정이 결심 끝에 그 이름 모를 돼지를 팔기로 했답니다. 그 사실을 알아챈 이름 모를 돼지……

"저…… 팔게여?"

그래서! 그 이름 모를 돼지의 이름이 '저팔계'가 되었답니다.

양종팔의 답안지

- How do you do? (어떻게 네가 그럴 수 있니?)
- I can understand. (나는 거꾸로 설 수 있다.)
- Yes, I can. (그래, 나는 깡통이다.)
- Glad to meet. (너 잘 만났다.)
- I' m sorry. (나는 쏘리다.)
- You' re welcome. (너는 웰컴이다.)
- See you again. (두고 보자.)
- Are you cold? (아유 추워!)
- How old are you? (하우야, 너 많이 늙었구나?)

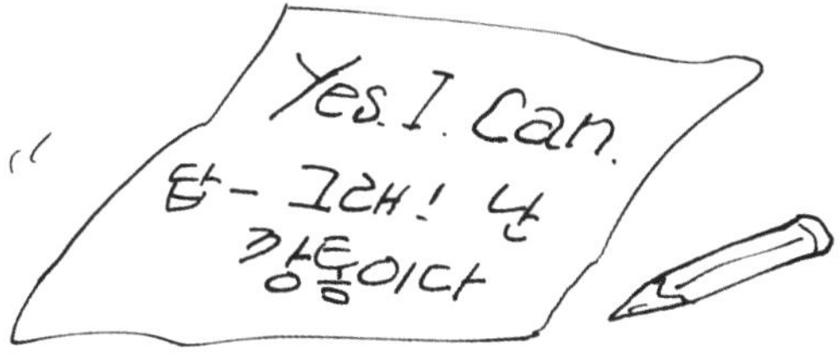

아빠는 슬프다!

오늘 아침, 아빠는 나를 데리고 공원으로 아침 운동을 나가셨다. 집을 나서서 공원쪽으로 열심히 뛰고 있는데, 지나가던 행인 한 사람이 아빠의 운동화를 보고 손짓하며 말했다.

"아저씨, 운동화를 짝짝이로 신었어요."

아빠는 발을 내려다보았다. 정말이었다. 한쪽은 흰색인데 한쪽은 노란색이었다.

지나가던 행인들이 그 꼴을 보고 모두 웃었다.

아빠는 얼굴이 빨개져서 나에게 말했다.

"어서 가서 아빠 운동화를 가져 오너라."

"네, 알았어요."

나는 쏜살같이 달려갔다. 그 동안 아빠는 가로수 뒤에 숨어서 내가 돌아올 때까지 기다렸다.

그러나 나는 빈손으로 되돌아왔다.

"왜 그냥 왔니?"

아빠가 물었을 때 나는 고개를 저으며 말했다.

"소용 없어요, 아빠. 집에 있는 것도 짝짝이에요."

어느 날

사오정과 손오공이 '침 날리기' 겨루기를 하였다.

사오정은 35m 날라갔고 손오공은65m 날라갔다.

사오정은 손오공을 이기기 위해 침 날리기 도사를 찾아 산으로 들어갔다.

사오정은 한동안의 노력 끝에 80m를 날릴 수 있게 되었다.

그러나 한번 날리면 3일 동안은 끙끙 앓아야 되었다.

손오공을 다시 찾아간 사오정은 다시 시합하자고 제안했다.

그리고 온 힘을 다해 침을 날렸다.

결과는 여태까지의 기록을 깨는 신기록 81m!

그러나……

그러나 손오공이 하는 말.

"너 금 밟았어! 다시 해."

당찬 꼬마의 질문

어느 날 집으로 가려고 버스를 탔습니다. 그날따라 무척이나 피곤해서 앉을려고 주위를 살피니 맨 뒷좌석 너댓 명이 앉는 자리에 세 명의 어른과 열 살쯤 되어 보이는 꼬마가 앉아 있는 것이었습니다. 근데 이 녀석이 다리를 최대한 벌리고 앉아 있는 겁니다. 버스에서 다리를 쫙 벌리고 혼자서만 편안하게 가려는 사람들을 보면 짜증이 팍팍.--;; 그래서 오기가 발동, 굳이 그 꼬마 옆에 당당하게 앉았죠. 꼬마는 맹랑하게도 날 한번 쳐다보더니 자세를 바로 할 생각조차 않고 고수하고 있는 것이었습니다.

'오호, 이 녀석. 한번 해보자구? 알았쓰~~'

저도 지지 않으려고 다리를 쫘악 벌렸죠.

근데, 이 꼬마 역시 지지 않으려고 다리에 힘을 주면서 버티더라구요.

어른 체면이 있지. 꼬마에게 힘으로 질 수는 없는

일.

그래서 온몸의 힘을 다리에 집중시키고 계속 밀었죠.

잠시 후 드디어 제가 이기기 시작했습니다.

꼬마는 버티려고 하지만 이미 패배의 그림자가.......

후후후~~~

꼬마는 드디어 포기를 했는지 애처로운 눈빛으로 쳐다보더군요.

그리고는 저에게 작은 목소리로 한마디.

"저, 아저씨도 포경수술 했어요?" --;;

남성의 물리적 특성

◈ 표면은 곧잘 털로 덮여 있다. 어떤 부위는 무성하고, 어떤 부위는 듬성듬성하다.

◈ 압력을 받으면 끓고, 논리적일 땐 고체가 되고, 여성이 다룰 때는 액체가 된다.

◈ 알콜과 합성되면 쉽게 균형을 잃는다.

◈ 여성과 함께 있으면 저에너지 상태로 곧잘 떨어진다.

◈ 14살 이후로는 정직한 때가 드물다.

◈ 저항이 들어오면 굴복하지 않고 요지부동 되지만, 칭찬과 구슬림 및 부드러움에 약하다.

◈ 여성의 덫으로부터 곧장 빠져나오지 못한다.

아내

한 부부가 병원에 가서 남편의 종합건강진단을 받았는데 검사가 끝난 뒤 의사가 아내만을 불렀다.

"만약에 지금부터 내가 지시하는 사항을 따르지 않으면 당신의 남편은 죽게 될 것입니다. 첫째, 당신은 매일 아침 당신의 남편에게 맛깔스러운 건강식을 주어야 합니다. 둘째, 당신은 매일 점심때마다 당신의 남편이 균형 잡힌 식단대로 먹을 수 있도록 애써야 하며, 셋째로, 당신은 남편에게 집안일로 정신적인 스트레스를 주는 잔소리를 삼가야 합니다. 남편에게 짜증을 내거나 화를 내거나 잔심부름을 시키는 것도 절대 안 되며 중요한 건 집안을 항상 깨끗하게 청소를 해두어야 합니다. 그렇지 않으면 당신 남편은 곧 죽을 겁니다."

집으로 돌아오는 길에 남편이 아내에게 물었다.

"의사가 뭐라고 그랬어? 당신을 불러서 뭐라고 한

참 얘길 한 거야?"

아내는 남편에게 퉁명스럽게 말했다.

"당신이 곧 죽을 거라구 마음의 준비를 하래요."

세상에서 무서운 쥐

아웃에 살고 있는 쥐 세 마리가 모여 누가 더 터프한지 격론을 벌이고 있었다.

첫 번째 쥐가 앞에 있던 위스키 잔을 단숨에 비우더니 빈 잔으로 식탁을 탁 내리치며 말했다.

"난 말이야, 쥐덫만 보면 거기에 벌렁 눕고 싶더라고! 나를 덮치는 쥐덫을 이빨로 물어뜯어 걸레처럼 만들지 않고서는 식욕이 동하지 않아. 그런 다음 미끼로 쓰인 치즈 덩어리를 물고 유유히 사라지는 쥐가 바로 나야."

이 말을 들은 두 번째 쥐가 럼주를 두 잔이나 거푸 비우고, 벽에 빈 잔을 던져 박살낸 뒤 첫 번째 쥐를 바라보며 가소롭다는 듯 대꾸했다.

"난 말이야, 쥐약만 보면 사족을 못 쓰지. 보이는 대로 모아 집으로 가져와서 가루로 만들어 뒀다가 매일 아침 모닝커피에 타 먹어야 하루가 개운하거든."

가만히 듣고 있던 세 번째 쥐는 따분하다는 듯 하품을 하고는, 동료 쥐들에게 조용히 말했다.

"난 이렇게 노닥거릴 시간이 없는 몸이야. 빨리 집에 가서 고양이하고 뜨거운 밤을 보내야지."

짐승

여관에 한 남자와 한 여자가 들어갔다.

방에 들어가자마자 여자는 바닥에 선을 죽 긋더니 이렇게 말했다.

"자기, 이 선을 넘으면 짐승이야!"

그러자 남자는 알았다고 말한 뒤 금새 곯아떨어져 잠이 들었다.

다음날 일어나 보니 여자가 방에 쭈그리고 앉아 고개를 푹 숙이고 있었다.

그래서 남자가 왜 그러느냐고 물었다.

"왜 그래?"

그러자 여자가 째려보면서 한마디.

"짐승만도 못한 놈."

바람직한 여성

사회학 강의시간이었다.

그날의 강의 주제는 남자와 여자의 차이였다.

교수가 여학생들에게 말했다.

"자, 지금부터 한 학생씩 남자들이 갖춰야 할 요건들에 대해 말해 보도록 하세요."

교수의 말이 끝나기가 무섭게 여자들은 서로 손을 들어가며 요구 사항을 말했고, 교수는 그 사항들을 칠판에 받아 적었다.

다음은 남학생들 차례였다.

교수가 원하는 여성상에 대해 묻자 한 학생이 벌떡 일어서며 말했다.

"요구 사항이 최대한 적은 여자요!"

백수와 담배

◈ 몇 대 남았는지 세면서 피운다.

◈ 만일에 대비해 침 뱉거나 구부려서 끄지 않는다.

◈ 취향에 따라 피우지 않고 수중의 돈에 맞추어 피운다.

◈ 낮에 담배 떨어지는 걸 싫어한다(백수 차림으로 사러 가야 되기 때문에)

◈ 당구 칠 때 내 담배는 속주머니에 넣어 놓고 당당하게 카운터에서 시킨다.

◈ 술 마실 때 적게 남은 내 담배 내놓고 상황 봐서 남의 담배와 혼용해 피운다.

◈ 술자리 끝나면 널려 있는 담배갑 눌러 보고 남아있는 것들을 한 갑에 모은다.

◈ 장초가 모래 휴지통에 꽂혀 있으면 침이 삼켜진다.

◈ 물론 전에 피워 본 담배지만 친구가 피우면 신기하다고 한 대 달라고 한다.

◈ 아버지 담배 두는 곳은 훤히 안다.

◈ 담배값 인상 소식에 필요 이상으로 흥분한다.

◈ 처음엔 손가락 사이에 넣고 피우다 꽁초가 되면 손끝으로 잡고 마지막까지 빨아댄다.

◈ 꽁초까지 피우다 가끔 입술을 댄다.

◈ 담배 연기로 못 만드는 게 없다. 도너츠(대, 중, 소), 잘게 썰기. 핫도그, 쌍도너츠, 심지어는 큰 도너츠안에 작은 도너츠 끼워넣기 묘기도 한다.

◈ 한참 피우다 어려운 사람이 나타나면 세 번 이상 급하게 빨다가 끈다.

낚시하는 맹구

맹구는 낚시를 하러 갔다. 너무 신나서 '낚시 금지' 란 푯말을 보지 못한 불쌍한 맹구.

미끼를 끼우고 신나게 앉아 있는데 경찰관이 다가왔다.

"아니, 여기서 낚시하면 안 된단 것 몰라요?"

맹구가 놀라서 한마디 했다.

"저, 지렁이 목욕시키고 있는데요………"

난 쏘리다!

어느 왕국의 왕에게 딸이 하나 있었다. 왕은 활을 잘 쏘는 사람에게 딸을 시집보내고 싶었다. 활쏘기대회를 열었다. 이 대회의 규정은 공주를 표적으로 공주의 몸 가장 가까이 맞추는 것이었다.

첫 번째 사람이 왔다.

딱 쏘았는데 공주의 다리 사이에 맞았다.

그러면서 하는 말.

"I' m Robinhood.(나는 로빈후드다.)"

두 번째 사람이 왔다.

이번에는 딱 쏘았는데 공주의 볼을 스쳐서 피가 났다.

그러면서 하는 말.

"I' m Williams.(나는 윌리엄스다.)"

세 번째 사람이 왔다.

딱 쏘았다....... 공주의 머리에 맞았다.

그러면서 하는 말

"I'm sorry."

결혼에 관한 여자들의 거짓말

◉ **결혼? 난 혼자 살 거야.**

– 심지어 결혼식 전날밤까지도 이런 말을 하는 여자가 있다던데.

◉ **첫키스? 오늘밤이 기다려져.**

– 지금까지 수도 없이 해댄 건 장난으로 해본 뽀뽀?

◉ **혼수? 마음이 중요하지.**

– 이건 제발 거짓말이 아니었으면 하는 거짓말!

◉ **부조금? 그냥 밥만 먹고 가.**

– 이 말 믿고 빈손으로 예식장 갔다간 평생 찍힌다.

◉ **첫날밤? 피곤해서 그냥 잤어.**

– 이러고서 7개월쯤 뒤에 아들 낳았다고 잔치한다. (그럼 뭐야, 거짓말은 아닌가?)

사투리 사전

◈ '누구를 위하여 종은 울리나'를 경상도 사투리로.

– 종아, 니 와 우노?

◈ '통행에 불편을 드려서 죄송합니다'를 전라도 사투리로

– 댕기기 옹색혀서 어쩌야 쓰것써라우.

◈ '빨간 벽돌집 아가씨, 정말 예뻐요'를 경상도 사투리로

– 뺄건 보로쿠집 가시나, 직인다 지기!

◈ '이 콩깍지가 깐 콩깍지냐? 안 깐 콩끽지냐?'를 충청도 사투리로.

– 깐겨? 안 깐겨?

◈ '너희들이 그렇게 버릇없이 굴어서야 되겠냐?'를 전라도 사투리로

– 느그들 그러코롬 싸가지 읍써서 워디 쓰것냐?

◈ '이유없는 반항'을 전라도 사투리로 하면?

– 뭐 땀시 x랄 허고 자빠졌냐?

삼형제

3형제가 차례로 군대를 가게 되었다.

맏형이 군대 갈 때,

아버님이 큰 형 어깨를 두드리며,

"몸 건강히 잘 다녀오고……"

어느새 눈에는 눈물도 글썽……

그리고 둘째가 군대 갈 때 아버님이 하신 말씀.

"잘 다녀와라."

그리고 나, 막내가 군대를 가게 됐다.

그러자 아버님의 잔인한 한마디.

"문 닫고 가!!!"

호랑이의 비애

옛날 한 호랑이가 살았다. 그 호랑이는 새삼 자신의 존재를 확인하고 싶어했다. 그래서 100명의 사람들에게 묻기로 했다.

백두산을 따라 내려오던 호랑이는 만나는 사람마다 "나, 호랑이 맞아?"하고 물었다. 아흔아홉 사람에게 당연히 "그렇다."는 대답을 들은 호랑이.

기분이 좋아진 호랑이는 자신의 존재에 확신을 갖고 마지막 한 사람, 백 번째 되는 누군가를 만나 물었다.

그는 공교롭게도 남파하던 간첩이었다. 가뜩이나 바쁘고 살 떨려서 신경이 날카로운 간첩이었으니……

"나 호랑이 맞아?"

그러자 간첩 왈.

"비키라우, 개새끼야!"

비관한 호랑이가 그 후 어떻게 됐는지는 아무도 모른다.

우찌~

어느 날 맹구가 63빌딩 옆을 지나가고 있었다. 그런데 머리에 끈적끈적한 가래침이 떨어졌다. 화가 난 맹구가 63빌딩 옥상을 쳐다보니까 지렁이가 한 마리 있었다.

"니가 침 뱉었냐?"

당당한 지렁이.

"그래, 어쩔래?"

열 받은 맹구.

"너 임마! 당장 내려와!"

무서운 게 없는 지렁이.

"어쭈구리, 기다려. 금방 내려간다!"

지렁이가 내려오는데 걸린 시간은 자그마치 63년. 껄렁껄렁한 지렁이의 한마디.

"너, 옥상으로 따라와!"

강아지와 젖소

강아지와 젖소

강아지와 젖소가 싸웠다.

강아지가 이겼다.

강아지 : 나 강하지(강아지)?

젖소 : 내가 졌소(젖소)!

표준말 못하나?

경상도 순 깡촌놈이 있었다.

머리털 나고 도시는 구경도 못 해본 놈이 여차저차 해서 서울이라는 곳에 가게 되었다.

처음 가는 서울이라 신기한 게 한두 가지가 아니었다.

그중에서도 이 촌놈을 사로잡은 것은 다름 아닌 지하철이었다.

다시 여차저차해서 지하철에 탑승.

정말 신기하기 그지없었다.

지하에서 기차 같은 게 다니질 않나, 더군다나 실내에는 손잡이가 열로 늘어서서 좌우로 예쁘게 흔들리고 있는 것이었다.

너무 신기한 나머지 촌놈은 손잡이를 잡고 매달려 한 손 한 손 손잡이를 넘겨잡으며 실내를 돌아다니는 것이었다.

이를 지켜보던 서울 학생이 조그만 목소리로 말했다.

"야~~ 그러지 마!"

그래도 이 촌놈은 무시하며 다시 매달려 놀았다.

화가 날 것 같은 서울 학생이 다시 말했다.

"야~~ 그러지 말라니깐!"

그래도 아무런 반응이 없는 촌놈이 저만치 가다 서울 학생을 째리며 한마디(거센 사투리 억양…)

"니끼가?"

기죽은 서울 학생이 옆에 있던 친구에게 속삭였다.

"거 봐, 일본 놈이랬잖아……"

넌 유급이다

선생님이 학생들에게 물었다.

"노벨이 무엇을 발명했죠?"

"다이너마이트요!"

가르친 보람을 느낀 선생님, 다시 물었다.

"그럼 아인슈타인은?"

"……"

서로 얼굴만 쳐다보고 있는데 한 학생이 일어나 큰 소리로 말했다.

"우유요!"

중과 벌금

어느 아가씨가 소변이 급한 나머지 골목길에 사람이 없는 것을 확인하고 잠시 볼일을 봤는데 마침 방범대원이 지나가다가 쭈그리고 앉은 그녀를 발견하고 만다.

"아가씨! 경범이야. 벌금이 얼마인지 알아?"

"얼만데요?"

"5천원만 내!"

얼굴이 빨개져도 여전히 뻔뻔한 그녀.

"만 원짜리밖에 없는데, 5천 원 거슬러 주세요."

"나도 잔돈 없으니 한번 더 싸!"

행운이라니?

한 청년은 7을 행운의 숫자라고 굳게, 아주 굳게 믿었다. 7이 콩으로 컴퓨터를 만든다 해도 믿었다. 그런데 1977년 7월 7일 낮잠을 자는데 꿈에서 북두칠성 7개의 별이 보였다. 잠에서 깨어 무심코 시계를 보니 7시 7분 7초였다. 까닭 없이 기분이 좋아진 청년은 그 즉시 모든 재산을 챙기고 777번 버스를 탔다. 종점은 경마장이었다.

그래서 구경을 해봤더니 7마리 말이 달리고 있었다.

그래서 자신의 전 재산을 7번 말에 걸었다.

그러나 청년은 기절을 하고 말았다.

7번 말이 7등을 한 것이었다.

모처럼 또 기회를 맞은 어느 날 밤, 남편은 부인 곁으로 갔다.

그러자 부인이 조급하게 속삭였다.

"오늘은 쫌 조심혀야 되는디 그거(?) 좀 찾아봐유."

가난한 이들 부부, 그거 조차 떨어지고 없었다.

쓰다 남은 것조차 없자 바짝 달아오른 남편이 애닳아 한마디 했다.

"괜찮여, 내가 잘 할게."

이때 자는 척하던 아들이 말했다.

"그러다가 식구 하나 더 딸려 봐유! 지금보다 더 힘들 거 아녀유!"

하고???

경상도 남자와 서울 여자가 신혼여행을 갔다.
호텔에 짐을 풀고 나서 남자가 말했다.
"여보, 우리 아나고~ 회나 무러 갈까?"
그러자 여자가 몹시 실망스런 얼굴로 대답했다.
"우리~ 하고~회 먹으러 가요……"

꿈

어느 부부가 잠을 자고 있었다.

아내는 바람피우는 꿈을 꾸고 있었다.

그녀의 잠꼬대

"어맛~! 남편이 돌아왔어요~!"

그러자 잠결에 이 소리를 들은 남편이 느닷없이 벌떡 일어나 베란다를 넘어 뛰어내렸다.

티코와 쇠똥

티코가 시골길을 가다가 쇠똥을 치었다.

쇠똥이 화가 나서 소리쳤다.

"니가 뭔데 날 깔고 뭉개는 거야?"

"나? 자동차다, 왜?"

그러자 쇠똥이 픽 웃으며 말했다.

"야, 니가 자동차면 난 피자다."

나 이거 참!

참새 한 쌍이 전깃줄에 앉아 있었다. 근데 한 참새가 자신의 털을 뽑고 있는 것이 아닌가! 마침 지나가던 포수가 털 뽑힌 참새를 향해 발포를 했고, 털 뽑힌 참새는 장렬히 전사했다. 그러자 다른 참새가 날아가면서 한마디.

"아이 씨발, 간신히 꼬셔서 옷 벗겨놨더니 애매한 놈이 와서 초치네……"

엉뚱한 아들

아들이 매일 학교도 빼먹고 놀러만 다니자, 보다 못한 아버지가 아들을 불러놓고 말했다.

"아브라함 링컨이 네 나이였을 때 뭘 했는지 아니? 집에서 쉴 틈 없이 공부했단다!"

그러자 이 말을 들은 아들의 말대꾸.

"아, 그 사람 나도 알아요. 그 사람이 아버지 나이였을 땐 대통령이었잖아요."

별일은 없었지만….

옛날, 한 양반이 한양에 볼일이 있어 집을 잠시 떠났다 돌아왔다.

양반 : 그 동안 별일 없었느냐?

머슴 : 예, 마님. 별일은 없었습니다만, 도련님께서 밭에 가셨다가 소에게 받치셔서 그만 크게 다치셨습니다.

양반 : 뭐라고? 그 밖에 다른 일은 없었겠지?

머슴 : 별일은 없었습니다만, 도련님께서 소에게 받쳐 돌아가신 줄로만 아시고는 마님께서 그만…

양반 : 마님께서 어떻게 되셨단 말이냐?

머슴 : 별일은 없었습니다만, 놀라서 그만 돌아가셨습니다.

양반 : 그냥, 가지. 어디를 돌아갔단 말이냐?

머슴 : 그것이 아니오라, 황천길에 몸을, 아니 영혼을 옮기셨다는 이야기옵니다.

양반 : 뭐라고? 그래서?

머슴 : 별일은 없었습니다만, 할머님께서 마님 소식을 들으시고서는 그만...

양반 : 또, 무슨 말이냔 말이냐?

머슴 : 별일은 없었습니다만, 할머님께서도 그 사실을 아시고 그냥 쇼크로 돌아가셨습니다. 그리고 별일은 없었습니다만...

머슴의 '별일 없었습니다만' 을 듣던 양반은 그 자리에서 쓰러져 영원히 일어나지 못했다고 한다.

돌이 두 개 였는디

'아버지 돌 굴러가유'를 늦게 해서 아버지를 죽게 만든 사람이 결혼을 해서 아들을 낳자.

'아버지 돌 굴러가유'만을 빠르게 말하도록 연습시켰다.

아들이 드디어 빨리 말할 수 있게 됐다. 드디어 아버지와 아들은 산을 오르게 됐다. 한참 올라가다 돌이 굴러가자, 아들은 '아버지 돌 굴러가유'를 빨리 말했다. 아버지는 돌이 굴러오자 잘 피했으나, 죽었다.

그제서야 아들이 느릿느릿 말했다.

"근데 돌이 두 개여유."

방위와 바퀴벌레

방위와 바퀴벌레의 공통점 세 가지!

첫째, 아침이면 없어졌다 저녁이면 나타난다.

둘째, 죽여도 죽여도 자꾸만 나온다.

셋째, 여자들이 싫어한다.

평소대로 하시구려

어떤 부부가 동물원에 가서 고릴라를 구경하고 있었다.

이 부부는 너무 고릴라에 몰두해서, 고릴라의 거시기가 커지면서 부인을 자꾸 쳐다보는 것을 깨닫지 못했다.

마침내 매우 흥분한 고릴라가 부인을 우리로 잡아끌더니 옷을 찢기 시작했다.

부인: 여보, 어떻게 좀 해 봐요.

남편: (태연하게) 평소대로 해 보구려, 두통이 심해서 그럴 기분이 아니라고 하면 고릴라도 이해하지 않을까?

생전 처음 먹어 본 음식

롱다리 이휘재가 처가에 갔다.

음식 대접을 받는데, 생전 처음 먹어 보는 얼음이 그렇게 신기할 수가 없었다. 그래서 아내에게 보여 주고 싶어 종이에 싸서 슬쩍 호주머니 속에 넣어 가지고 집으로 왔다.

"여보, 당신의 친정에 가서 아주 희한한 걸 먹어 봤는데 당신 생각이 나서 가져왔다!"하고 주머니 속을 뒤졌다.

"이것 봐라, 별일 다 보겠네. 오줌을 싸 놓고 달아났잖아!"

한의사와 아기

경동시장 한 한의원에 어느 날 아주머니가 찾아오더니 아기를 떼고 싶다고 얘기하는 것이었다.

처방을 생각한 한의사는,

"아주머니, 커피와 술을 많이 하시고 담배도 피우시고, 껌도 많이 씹으십시오. 그렇게 했는데도 아기가 떨어지지 않으면 그냥 낳으십시오."

몇 개월 후 그때 그 아주머니가 얼굴색이 커피색이고, 술에 취한 듯 코가 빨갛고, 껌을 씹으면서 담배까지 피우는 아이를 하나 등에 업고 왔다.

그 아기가 한의사에게 이렇게 말하는 거였다.

"아저씨, 내가 죽은 줄 알았지!"

소변

드디어 최수종이 하희라와 결혼을 해서 신혼살림을 차리게 됐다. 그런데 수종은 술고래여서 매일 밤 술을 마시고 귀가를 하는 것이었다.

어느 날 술이 만취가 된 채 잠이 들은 수종은 소변이 마려워서 화장실로 가 화장실 문을 열었다. 그런데 스위치를 누르지도 않았는데 갑자기 화장실에서 빛이 나오는 것이었다.

수종은 너무 신기해서 소변을 보고 난 후 하희라를 깨워서 말했다.

"희라야, 글쎄 내가 신의 계시를 받았어. 내가 소변을 보려고 문을 여니까 눈부신 빛이 나더라구. 이건 틀림없는 신의 계시야."

그러자 희라는 잠에 취한 목소리로,

"아이구 맙소사, 수종씨! 오늘도 냉장고에다 일 봤군요."

향수의 유래

향료를 알코올 등에 용해시켜서 만든 화장품을 향수라고 한다. 유럽에서는 향수문화가 가장 먼저 발달한 나라로 프랑스를 꼽고 있다.

프랑스는 17세기에 각종 문화의 전성기를 이루며 높은 향기를 발산시켰다. 철학자 데카르트를 비롯해서 몰리에르, 라신 등이 모두 이 시대에 활약하면서 프랑스문화를 더욱 향기롭게 만들었다.

당시 프랑스의 최고 통치자는 루이 13세였는데 그가 목욕을 처음 한 것은 일곱 살 때였다고 한다. 황제의 자리에 앉아 있는 사람이 일곱 살 때 목욕을 처음 했다면 믿으려 하지 않겠지만 사실이었다. 그 시대에는 목욕은 고사하고 세수하는 것도 몰랐다고 한다.

세수도 안 하고 목욕도 안 하니까 머리에서는 비듬이 뚝뚝 떨어지고 냄새가 진동했다. 악취는 머리 뿐 아니라 온몸에서 풍겼다. 지위고하를 막론하고 사람 몸에서 나는 고약한 냄새 때문에 만들어 낸 것이 향수였다는 것이다.

별난 시주

일본의 와가야마에는 '가다' 라는 절이 있다. 속칭 '아와시마' 라고도 하는 이 절에는 오래 전부터 이상한 전통이 전해오고 있다. 이 절에 와서 기도를 드리면 각종 부인병이 말끔히 고쳐진다는 것이다.

그래서 전국 각지에서 많은 여인들이 몰려들었는데 단 한 가지 조건이 있었다. 기도를 드리는 여인은 반드시 자기의 머리카락을 잘라서 바쳐야 한다는 것이었다. 각종 부인병에 시달리던 여인들은 기꺼이 머리카락을 바쳤다.

시대가 바뀜에 따라 머리카락 대신 가발을 바치는 여인들의 숫자가 늘어가자 아와시마의 신이 대로하였고 가발을 바친 여인들은 더욱 심한 부인병으로 고통받게 되었다.

그 뒤부터 이곳을 찾는 여인들은 머리카락 대신 자신이 입고 있던 팬티를 벗어서 바치게 되었는데 팬티의 효험 때문인지 부인병은 신통하게 치유되었다.

그래서 지금은 한 해에 트럭 10대 분의 팬티가 쌓여 아와시마 관리인들을 괴롭히고 있다고 한다.

기억력이 흐려져서

"오 내 사랑. 당신은 이 세상에서 가장 아름다운 여인이라오. 나는 당신처럼, 아니 당신보다 더 예쁜 여자를 평생에 본 적이 없다오. 나와 결혼해 주오."

그들은 결혼했다. 1년이 지난 후.

부인이 울면서 항의를 했다.

"당신은 거짓말쟁이야. 당신은 내가 이 세상에서 제일 예쁘다고 해 놓고 지금 와서 다른 여자와 바람을 피우다니!"

남편,

"그런데 솔직히 말해서 나는 이 세상에서 가장 기억력이 나쁜 사람이거든."

여자 편지

남편이 어떤 여자 편지를 받아 읽어 보더니만 얼굴색이 창백하게 변했다.

부인이 옆에 있다가 의심이 생겨서,

"흥, 여자 편지죠? 나를 속이려고 들지 말아요. 그 여자가 누구예요?"

남편 대답,

"여자한테서 온 것은 확실해. 당신 단골 의상실 여자한테서 온 청구서요."

그만 좀 주물러요

부인,

"극장 안에서 당신 왜 자꾸만 내 앞가슴을 주무르고 그랬어요? 내가 그만두라고 그렇게 손을 비틀었는데도 계속 주무르면 어떻게 해요? 창피하게시리?"

남편,

"당신 가슴을 내가 주물렀다고? 나는 안 그랬는데!"

부인,

"어머나, 그럼 그게 누구예요?"

잠 좀 자자

회사 여사원이 사장한테 잘 보이려고 별짓을 다했다. 사장하고 연애를 하려고 노력은 했지만 벽창호 같은 사장은 전혀 기회를 주지 않았다.

어느 날 갑자기 사장이 불러서 들어갔더니 아니 이게 웬일인가.

"오늘밤 특별히 할 일이 있습니까?"

하고 묻는 것이 아닌가? 너무너무 신이 나서,

"아뇨, 아무 일도 없어요. 저하고 데이트를 하시게요?"

그러자 사장 대답이,

"아, 그래요? 그렇다면, 일찌감치 집에 가서 자고 내일 아침엔 출근 시간 좀 지켜요. 출근 시간!"

코카콜라

오래 전의 일이다. 소련의 후르시초프 서기장이 미국을 방문하여 "부러운 것은 코카콜라와 매니지먼트뿐"이라고 말한 일이 있었다. 미국의 코카콜라는 그만큼 유명하다.

세계 200여 개국에서 판매되고 있는 코카콜라는 연간 생산량이 무려 3백 60억 병에 달한다. 지금은 음료수의 대명사처럼 되어 있지만 코카콜라가 처음 만들어질 때는 음료수가 아닌 약물이었다.

1886년 애틀랜타에서 약제사 존 펨버튼이 자기 아버지의 주벽을 고치기 위해 오랜 연구 끝에 개발해 낸 것이 바로 코카콜라이다. 펨버튼의 아버지는 술만 마시면 주정을 해대는 고약한 버릇이 있었으며 그 주정은 술을 마신 이튿날까지 계속 되었다.

아버지의 술주정을 걱정한 펨버튼이 코카의 잎사귀

에서 즙을 뽑아 내어 마시기 좋은 약을 만들어 낸 것이 코카콜라의 시초였다. 그래서 지금도 미국의 일부 지방에서는 코카콜라를 술 깨는 약으로 쓰고 있다.

지하철 풍경

서울의 지하철은 날이 갈수록 혼잡하다. 이미 오래 전에 '지하철이 아닌 지옥철'이라는 말이 나올 정도로 출퇴근 시간의 지하철은 그야말로 생지옥 같다.

그러나 이 같은 생지옥을 지옥으로 생각하지 않고 오히려 즐기는 부류들이 있다. 젊은 여자들의 몸을 더듬는 치한들, 남의 주머니와 핸드백에서 현금이나 귀중품을 슬쩍 하는 소매치기들이 그들이다.

우리보다 훨씬 먼저 지하철을 건설한 일본에서도 치한과 소매치기 문제는 여전히 두통거리인 모양이다. 일본에서는 60년 전인 1930년에 "문명국민으로서의 차내작법"이라는 것을 제정하였는데 그것을 얼마 전에 일부 뜯어 고친 바 있다.

새로 만들어진 일본의 차내작법을 보면,

첫째, 차내에서 졸거나 하품을 하지 말 것.

둘째, 옆에 선 친구와의 대화에 너무 열중하지 말

것,

셋째, 촌사람처럼 두리번거리지 말 것 등이다. 다시 말하면 치한이나 소매치기에게 허점을 보이지 말라는 것이다.

90층은 무료

너무도 유명한 창녀집이 하나 있었다. 세상에 아름다운 여자란 여자는 모두 모여 있다고 소문이 난 집이지만, 너무너무 비싸서 돈 없는 사람은 들어갈 생각조차 못하는 곳이었다. 그런데 하루는 그 건물에 광고가 붙어 있었다.

"90층까지 올라오시면 무료 서비스를 해드립니다."

이게 웬 떡인가? 어떤 가난한 녀석이 그곳에 갔다. 그러나 90층은 엘리베이터를 타지 못하고 걸어서 올라가야만 했다.

이 녀석이 90층에 도착했을 때는 이미 기진맥진해서 일어설 힘조차 없었다. 그래도 예쁜 여자를 만난다는 생각에 엉금엉금 기어서 방으로 들어갔다.

그 방안에는 광고가 붙어 있었는데,

"셀프 서비스를 하시오."

동상 걸린 손가락

포장마차를 시작한 맹구는 계속 엄지손가락을 국물에 반쯤 담갔다가 빼낸 오뎅을 나르고 있었다. 한 손님이 그것을 보고 좀 비위가 상했지만 배가 고파 단숨에 후루룩 마셨다.

어찌나 맛이 좋은지 그냥 나갈 수가 없어 다시 한 그릇을 시켰다.

이번에도 주인아저씨 맹구는 오뎅 국물에 손가락을 담갔다가 주는 것이었다. 손님은 얼른 국물을 마시고 나서 웃으면서 물었다.

"아저씨, 아까부터 왜 손가락을 담그고 그러세요?"

"예, 손가락에 동상이 걸려서요."

"아저씨 그럼, 그 손가락을 콧구멍 속에 넣어보세요."

"안 그래도 아까부터 그러고 있었습니다."

"으웩!"

초인종과 불

태어나서 처음으로 병원에 입원한 맹구는 병실의 여러 가지 물건들이 매우 신기해 이것저것 만져 보았다.

그런데 침대 옆에 무슨 줄이 하나 있었다.

맹구 : (줄을 가리키며)이게 뭐예요?

간호사 : 초인종이예요.

맹구 : (몇 번 잡아당겨 보더니)어? 소리가 안 나네?

간호사 : 이건 소리가 나는 게 아니라 간호사가 볼 수 있게 복도에 불이 들어오는 거랍니다.

맹구 : (간호사가 밖으로 나가자)나원 참, 복도에 불을 켜고 싶으면 지들이 켤 것이지 왜 환자한테 시켜?

별난 중국요리

중국 사람들은 옛날부터 미식가로 유명하다. 음식을 만드는 조리 솜씨도 뛰어나지만 재료의 종류도 무척 다양하다.

최근 미국의 어떤 요리전문가가 잘 알려지지 않은 중국 음식들을 조사하던 중 '샤그오코이토' 라는 음식을 발견했다.

이름도 까다로운 이 음식의 재료는 흑련이라는 물고기였다. 그는 어렵게 흑련을 구해 책에 적혀 있는 방법대로 '샤그오코이토' 라는 음식을 만들었다.

그리고 다시 뒤져 본 결과 '샤그오코이토' 를 건뇌식(健腦食)이라고 설명해 놓은 것을 발견했다. 건뇌식이란 동물의 뇌로서 인간의 뇌를 건강하게 만들어 준다는 뜻이었다.

그래서 다시 흑련이라는 물고기의 머리를 쪼개 보았더니 그 속에서 인간의 뇌와 흡사한 것이 나왔고 다시 그 성분을 조사해 보았더니 인간의 뇌와 똑같은 젤라틴 성분이 추출되었다. 그리고 맨 끝에 '이것은 바로 당신 같은 사람에게 필요한 음식임' 이라고 씌어 있었다.

출산 연령

여자가 아이를 낳을 수 있는 출산 연령은 대개 13세부터 55세까지로 알려져 있다. 사람에 따라 조금씩 다르기는 하지만 13세 전후해서 초경이 시작되고 55세를 전후해서 폐경이 시작되기 때문에 그 사이를 출산 가능기로 보고 있는 것이다.

그러나 예외의 경우도 있다. 일본에서는 최연소 출산 기록은 7세, 최고령 출산기록은 76세로 되어 있다.

최연소 기록은 1800년 9월 3일, 이바라키켄 기다소마 군후지시로에 사는 주조라는 사람의 일곱 살짜리 딸이 사내아이를 낳은 것이다. 일곱 살이니까 정식으로 결혼했을 리는 없고 누군가에 의해 강간당한 것이 틀림없는데 본인이 입을 다물었기 때문에 아이 아버지가 누구인지 밝혀지지 않았다.

또한 1923년 봄, 나가토켄 마쓰모토 시 우에마치에

거주하는 76세의 할머니는 딸을 낳았다. 아이 아버지는 50세 연하의 26세 청년이었으며 이들은 딸을 낳은 뒤에도 자주 만나 내연의 부부관계를 계속했다고 한다.

똑똑하네요

어린 시절 하루는 수종이가 엄마와 함께 은행에 갔었다.

꼬마 수종이는 은행 맨 끝쪽으로 가더니 아가씨에게 유리칸 구멍 사이로 과자를 넣어주는 것이었다. 수종이의 어머니가 이것을 보고 크게 당황해서 수종이에게 그러면 안 된다고 말렸으나 막무가내였다.

수종이를 때리면서 어머니는 말했다.

"죄송해요. 얘가 좀 전에 동물원에 다녀왔거든요."

마누라가 무서워

여자를 어지간히 밝히는 회사 사장이 여비서를 새로 고용하기 위해서 한 여자를 인터뷰하고 있었다. 그런데 이 여자가 아주 미인이었다.

그래서 여비서로 고용하기로 결정하면서 이 사장이 하는 말,

"아가씨, 당신을 고용하겠소. 그런데 혹시 어머니 사진이 있으면 가져오쇼. 우리 마누라한테 보여 줘야 하니까."

결혼한 이유를 모르겠네

옆집 여자에게,

"아이구, 남자들이란 어째 그런지 몰라요. 자기들만이 이 세상 일을 모두 알고 있는 것처럼 그런단 말이에요."

옆집 여자 대답,

"우리 남편은 달라요. 항상 얘기하는데 한 가지 모르는게 있다고 그런다우."

"그게 뭔데요?"

"왜 나하고 결혼을 하게 되었는지 그걸 통 모르겠대요."

비밀

저개발국가에서 너무 돈이 없고 가나해서 경찰관에게 제복을 사 입힐 수가 없었다. 하지만 치안 유지를 위해 경찰은 꼭 필요했다.

궁리 끝에 대통령이 새로운 아이디어를 짜 내었다. 모든 국민들은 콧수염을 기르지 못하게 하고 경찰관만 콧수염을 기르게 했다. 아주 기발한 아이디어다.

어느 날 어떤 강도가 범행 현장에서 경찰관이라고 주장하는 사람한테 붙잡혔다. 그런데 그 남자는 콧수염을 갖고 있지 않았다.

강도, "여보슈, 당신은 콧수염이 없는 걸 보니 경찰관이 아닌데 왜 날 체포하슈?"

그러자 그 남자는 바지와 팬티를 벗으면서,

"이 아래 털이 안 보이냐? 난 비밀경찰이야, 짜샤."

사랑 영화

아들이 영화 구경을 하고 집으로 돌아왔다. 아버지가 영화는 재미있었냐고 물어 봤다.

아들 녀석 대답,

"글쎄요. 그저 그래요. 하지만 아빠는 무척 재미없어 할 거예요."

아버지의 질문,

"그건 또 왜 그래?"

"그 영화는 사랑 영화였거든요. 그런데 마지막에 애인이 죽고 그 불쌍한 친구는 다시 마누라한테 돌아가고 만다는 그런 얘기거든요."

남자의 정체

◈ 남자란 자기가 알고 있는 단 한 명의 여자, 즉 자기의 아내를 통해 여자의 세계 전부를 알고 있는 것처럼 멋대로 판단한다. – 펄벅

◈ 남자는 아내나 애인이 싫어지면 피하려고 한다. 그러나 여자는 자기를 싫어하는 남자에게 보복하려고 한다. – 시몬 드 보봐르

◈ 남자라고 하는 것은 자기의 마음에 드는 여자로부터 관심을 끌지 못할 경우 반드시 그 여자를 헐뜯고 다닌다. – 퓨이제

◈ 남자가 여자에 대한 연민의 정과 경의를 동시에 나타낼 때 여자에 대한 남자의 지배는 무한해진다.

– 에셴바호

◈ 남자 하인이 1명일 때는 1명 분의 하인이고 2명일 때는 반명 분밖에 안 되고 3명일 때는 없는 것과 같다. – 폴란드 격언

영주 부인의 알몸 시위

유럽에서는 몰래 여체를 훔쳐 보기를 즐기는 변태적인 남자를 '톰 같은 녀석'이라고 한다. 왜 하필이면 톰이 그런 불명예를 뒤집어쓰게 되었을까? 여기에는 그럴 만한 사연이 있다.

11세기에 영국에서 있었던 일이다. 백성들로부터 많은 세금을 뜯어내는 고약한 영주가 있었다. 곡식과 돈을 모두 세금으로 빼앗긴 백성들은 헐벗고 굶주리면서 영주를 원망했고 이를 본 영주의 부인은 불쌍한 백성들 편에 서서 남편에게 "세금을 줄일 수는 없겠느냐"고 청하자, 영주는 "당신이 벌거벗은 몸으로 말을 타고 거리를 한 바퀴 돈다면 세금을 줄여 줄 수 있다."고 대답했다.

그러자 젊은 부인은 부끄러움을 무릅쓰고 벌거벗은 몸으로 말을 타고 거리를 한 바퀴 돌았다. 이때 백성들은 영주 부인의 뜻이 너무도 고마워서 모두 창문을 닫고 일부러 내다보지 않았는데 유독 톰이라는 청년만 이를 몰래 훔쳐보았다는 것이다.

외식

회사에서 고된 일과를 마치고 남편이 돌아오자 부인이 현관에서 남편을 상냥하게 맞아들였다. "여보, 당신 몹시 지치고 시장해 보이는구려. 여보, 맛있는 비프스테이크와 구운 옥수수, 싱싱한 야채를 먹고 아이스크림으로 입가심하는 거 어때요?"

부인이 작은 소리로 물었다.

"난 싫어."

남편이 대답했다.

"피곤해서 꼼짝도 하기 싫어. 그냥 집에서 먹자구."

완벽한 연기

수종이는 새로운 영화의 주인공을 찾는다는 포스터를 접하고 영화배우가 되기로 결심했다.

면접하는 날 수종이가 영화사에 도착해 보니 지원자가 이미 벌떼처럼 모여 있었다. 다행히 앞번으로 면접을 하게 된 수종이.

면접관은 수종에게 가장 잘 할 수 있는 연기를 해보라고 주문을 했다.

잠시 생각한 수종이는 갑자기 문 밖으로 뛰어나가더니 기다리던 사람들을 향해 소리쳤다.

"오늘 면접은 끝났습니다. 돌아가세요."

체인점

흥국이가 육교를 건너가는데 거지가 두 손에 모자를 든 채 구걸을 하고 있는 것이 보였다.

그 옆을 지나가던 흥국이가 왼쪽 모자에 동전을 넣으며 거지에게 왜 모자를 두 개나 들고 있느냐고 물어보자,

거지 왈,

"장사가 번창해서 체인점을 하나 더 냈어요."하는 것이었다.

빈털터리의 사랑

남자,

"나는 이제 망했어. 돈도 다 떨어졌고 직장도 잃어 버렸어. 주머니에 단돈 1달러도 없단 말야. 그래도 당신만은 나를 사랑해 주겠지?"

여자,

"그럼 사랑하고 말고요. 앞으로 다시는 당신을 못 보게 되더라도 계속 당신을 사랑할께요."

명사들의 연애관

◈ 연인과의 사랑이 싹틀 때까지는 미모란 간판으로서 필요한 것이다. – 스탕달

◈ 어느 정도인가 계산되는 사랑은 오히려 빈곤한 것이다. – 셰익스피어

◈ 사랑이란 모여드는 구름 속에 묻혀 있는 하나의 별과 같은 것이다. – 하이네

◈ 결혼을 약속하지 않으면 연애를 하지 않겠다는 것은 소설을 맨 끝에서부터 읽는 것과 똑같다.

– 몰리에르

◈ 연애, 그것은 마음의 중병이다.–폴란드 격언

◈ 짧게 웃고 길게 우는 것, 그것이 연애다.

– 가이벨

◈ 분별이 먼저 서게 되면 사랑은 늦어진다.

– 빌자크

영구의 교생실습

사범대학을 다니던 영구가 4학년이 되자 여자 고등학교로 교생 실습을 나가게 되었다.

교생을 나가 첫 수업이라서 한껏 긴장한 영구가 칠판에 뭔가를 쓰고 있는데 맨 뒷줄에 앉아 있던 두 학생이 갑자기 싸우는 소리가 들렸다.

"무슨 일이죠?"

그러자 그 중의 한 여학생이 눈치를 살피며 말했다.

"글세, 얘가요. 자꾸만 제가 선생님을 닮았다고 놀리잖아요."

영구는 영문을 모르겠다는 표정으로 그 여학생에게 물었다. "그래서 그게 어쨌단 말이지?"

그러자 그 여학생이 화를 벌컥 내며 말했다.

"아니, 그럼 제가 생기다 말았단 말이예요?"

고마운 친구 같으니

“내 마누라가 나하고 친한 친구랑 눈이 맞아서 도망가 버렸어. 지난 주에 말야.”

“그으래? 그 친한 친구라는 게 어떤 녀석이야? 말해. 내가 죽여 버리겠어.”

“아냐. 죽이지마. 그 친구가 누군지는 모르겠는데 어쨌든 나로서는 고마운 친구야.”

예물 교환

여기는 예식장.

"신랑, 신부 예물 교환 순서입니다."

그런데 신랑이 가는귀먹은 데다 긴장한 탓으로 사회자 말을 못 들었다. 주례가 조그만 목소리로,

주례: 여보게 신랑, 예물 교환이야. 신부에게 반지를 끼워 줘.

신랑: 뭐라구요? 안 들려요!

주례: 반지! 반지 끼워 줘!

그래도 신랑이 못 알아들었다. 답답해진 주례가 손가락을 동그랗게 만들어서 반지 끼는 시늉을 했것다. 그러자 신랑 녀석 큰 소리로,

신랑: 네에? 여기서 그 짓을 하란 말예요? 에이, 주례님도 주책이십니다. 여기서 어떻게 해요?

나만 가지고 신경질이람

"자네 부인은 항상 신경질을 많이 부리고 자네한테 바가지를 긁어 대더니만 요새는 조용한 것 같은데 어째서 그런가?"

"아, 그거 아주 간단하게 해결했지. 의사한테 한마디만 해 달라고 부탁했거든."

"어떻게?"

"의사가 우리 마누라한테 말하기를 너무 신경질을 부리면 남편의 정력이 떨어져서 사랑을 못해 줄 뿐만 아니라 신경질이 심하다는 것은 그만큼 늙었다는 증거라고 했단 말야."

엎질러진 물

중국 춘추 시대 제(齊)라는 나라가 있었다. 기원전 1123년에 창건된 이 나라는 지금의 산동성 일원을 영토로 하고 있었다. 나라를 처음 일으킨 사람은 강상이며 후세 사람들은 그를 강태공이라 불렀다.

강태공이 젊었을 때의 일이다. 그는 낮이나 밤이나 책만 읽는 무능하기 짝이 없는 남편이었다. 그로서는 때가 오기를 기다리는 것이었으나 그 깊은 속마음을 헤아리지 못한 아내는 남편을 버리고 친정으로 돌아가 버렸다.

얼마 뒤 주나라의 무왕을 도와 은나라를 멸한 강태공이 제나라의 왕이 되자 친정으로 갔던 아내는 돌아와 다시 부부가 될 것을 원했다.

그러나 강태공은 마당에 물을 쏟고 아내더러 그 물을 다시 그릇에 담으라고 했다. 아내가 물을 담지 못하자,

"엎질러진 물은 다시 그릇에 담지 못하는 법"이라고 말했다.

'복수불반분' 이라는 격언은 이렇게 해서 생긴 것이다.

70대 초반

손녀딸이 학교가 파하고 여자 친구를 한 명 데리고 집으로 왔다. 그 여자 친구는 아주 예쁘고 무지무지하게 매력적이었다.

마침 집에는 손녀딸의 할아버지가 응접실에 앉아 있었기 때문에 소개를 했다.

"인사드려, 우리 할아버지셔. 그리고 연세가 70대셔."

그러자 그 할아버지가 재빨리 말하기를,

"아가씨, 잊지 말아요. 70대지만 70대 초반이라우."

어두워서 안 보여요

아주 엄격한 아버지가 있었는데 딸을 꼼짝 못하게 했고 데이트를 하러 나가지도 못하게 했다. 그도 그럴 수밖에 없는 것이 딸이 워낙 남자애들 한테 인기가 있으니 신경이 쓰일 수밖에~.

그런데 어느 날엔가 하는 수 없이 조건부 데이트 허락을 했는데, 남자애를 집으로 데리고 들어와 손님을 맞이하는 방에서 놀게 했다. 놀기는 놀되 9시가 되면 남자애를 내보내는 조건이었다.

그런데 밤 11시가 되었는데도 그 남자애는 집으로 가지를 않는 것이 아닌가. 그래서 화가 난 아버지가 이유를 물었다.

"아빠, 시간이 그렇게 늦은줄 몰랐어요!"

"거짓말 마! 벽에 커다란 시계가 걸려 있는데 시간을 몰랐다는게 말이 되냐?"

"하지만 아빠, 깜깜한 데서는 시계가 보이지 않는걸요!"

결혼

◈ 결혼이란 어떠한 나침반을 가지고도 정확한 항로를 발견하지 못하는 험난한 항해와 같은 것이다.

– 하이네

◈ 결혼생활에서 가장 필요한 것은 인내다. – 체홉

◈ 밤에 제일 먼저 자고 아침에 제일 늦게 일어나는 남편은 행복한 결혼생활을 하고 있는 것이다. – 발자크

◈ 결혼을 하는 것이 좋은가, 하지 않는 것이 좋은가를 묻는다면 결혼은 하든 하지 않든 후회하는 것이라고 대답하겠다. – 소크라테스

◈ 될 수 있으면 빨리 결혼하는 것은 여자의 비즈니스이고, 될 수 있으면 늦게 결혼하는 것이 남자의 비즈니스이다. – 버나드 쇼

◈ 전쟁에 나갈 때는 한 번 기도하고, 바다에 갈 때는 두 번 기도하지만, 결혼할 때는 세 번 기도해야 한다. – 러시아 격언

부자가 울면…

시골에 살던 일용이가 그의 아들 복남이와 어느 날 태어나서 처음으로 서울에 구경을 갔다.

그들은 버스를 탔다.

어린이대공원 앞에서 내리려고 하는데, 어떻게 내려야 되는지 도무지 알 수가 없었다.

일용이와 복남이는 버스 안을 이리저리 살펴보더니, 갑자기 울기 시작했다.

버스 창문 바로 위에 이렇게 쓰여 있었다.

"부자가 울면 문이 자동으로 열립니다."

과외 선생님 만득이

과외선생님이 된 만득이가 두 명의 여학생을 맡아 가르치게 되었다.

하루는 과제를 냈는데 한 여학생은 반만 또 다른 여학생은 하나도 해 오지 않았다.

그래서 만득이는 둘 다 공평하게 10대를 때렸다.

그러자 숙제를 반만 한 여학생이 눈을 부릅뜨고 찢어지는 목소리로,

"저는 반을 해 왔는데 왜 똑같이 10대씩 때리는 거예요?"라고 말하자,

한참, 심각한 얼굴을 한 만득이,

"미안해."

부자와 거지

어떤 부자가 잘난 체하고 가난한 형기에게 말했다.

"모두들 나만 보면 쩔쩔매고 아양을 떠는데, 형기 자네는 왜 못 본 체하는가?"

그러자 형기가 말했다.

"당신이 부자건 아니건 나와는 아무 상관도 없소. 그런데 왜 내가 굽신거려야 하는거요?"

"만일 내가 형기 자네에게 재산의 반을 준다면 자넨 나에게 굽신대겠는가?"

"반을 준다면 당신과 나는 똑같은 부자가 아니오. 왜 당신한테 굽신거려야 하는거요?"

"그러면 만일 형기 자네에게 재산을 전부 준다면 자네는 나에게 굽신거릴텐가?"

"그 때는 당신이 빈털터리이고 나는 큰 부자가 되는 거 아니요. 그러니 당신한테 굽신거릴 이유가 없지 않소."

별명

고등학교에 다니는 홍국이 반에 대학을 갓 나온 여선생님이 첫 수업시간에 자기 소개를 했다.

"대학교 때 내 별명이 살모사예요, 떠들거나 장난은 용서하지 않겠어요."

그러자 바로 홍국이가 대답했다.

"제 별명은 땅꾼입니다."

피장파장

한 젊은 부인이 담배를 피워 물고 있는 맹구에게 다가오더니 마구 꾸짖었다.

"이봐 젊은이, 아직 어린 것 같은데 담배 피는 것을 어머니가 알고 계신가?"

그러자 맹구가 대꾸를 했다.

"부인, 부인께서 이 늦은 시간에 낯선 남자와 얘기하고 있는 걸 남편께서 알고 계신지요?"

돈 벌기

민수네 경제학 교수는 강의 중에 학생들과 토론하기를 좋아한다.

그는 책상 사이를 오가며 손 드는 학생이 없나 둘러보기도 하고 아무 학생에게나 질문을 던지기도 했다.

어느 날 정부의 통화량 억제방법에 관해 강의를 하면서 그 교수는 강의실 안을 왔다갔다하며 이렇게 물었다.

"더 많은 돈, 나는 더 많은 돈이 필요합니다. 더 많은 돈을 얻기 위해서 내가 할 수 있는 일은 무엇입니까?"

아무 대답이 없다가 민수가 대답했다.

"아버지한테 전화하면 됩니다."

90살과 19살

90살이 된 할아버지가 외로운 나머지 돈의 위력으로 19살짜리 처녀를 아내로 맞아들였다.

결혼식을 끝낸 첫날밤,

90살 신랑이 처녀에게 물어봤다.

"아가야, 첫날밤에 뭘 어떻게 하는 건지, 너는 아니?"

19살 신부가 부끄러워서,

"아뇨, 몰라요."

"아니, 엄마가 어떻게 하라고 안 가르쳐 주던?"

"아뇨, 안 가르쳐 줬어요."

"이거 큰일 났구나. 난 다 잊어버렸는데."

여자의 도리

여자가 지켜야 할 도리(道理)가 무엇이야?
아랫도리다.

누드촌

그의 집은 고속도로 바로 옆에 위치해 있었다. 모든 자동차들이 어찌나 쌩쌩 달려가는지 시끄럽기도 할 뿐 아니라, 도대체 공해 때문에 살 수가 없었다. 게다가 그의 가족들이 항상 위험을 느껴야 했고 그가 기르는 가축들은 길을 건너가다 희생을 당할 위험에 처하기도 했다.

머리를 짜내어서 한 가지 묘책을 쓰기로 했다. 고속도로 옆에다가 커다랗게,

"누드촌 지역임. 천천히 운전 요망."

그 다음날부터 쌩쌩 달리는 차는 하나도 없었다.

기차를 기다린다우

새로 집을 지어서 이사를 갔는데 기차만 지나가면 집 전체가 흔들려서 잠을 잘 수가 없었다. 그 부인이 건축자한테 강력하게 항의를 했다.

건축자는 그럴 리가 없다고 했지만 부인이,

"그렇다면 직접 와서 확인을 하자."는 바람에 그 부인의 집으로 갔다.

부인은 건축자 보고 자기 침대에 올라가서 누워 있어 보라고 했다. 그러다가 기차가 지나가면 그 진동을 느껴 보라는 것이다.

하지만 남의 부인 침대에 올라갈 수가 없어서 머뭇머뭇하고 있었는데 부인이 워낙 강력하게 올라가라고 하는 바람에 하는 수 없이 침대 위에 올라가 누워서 기차가 지나가기를 기다리고 있었다.

그런데 하필이면 그 순간에 그 부인의 남편이 집에 들어와서 웬 남자가 자기 마누라 침대에 누워 있는 것을 봤겠다.

"얌마! 너 지금 내 마누라 침대에 누워서 뭐하는 거야?"

건축자 하는 말이,

"제가 지금 기차를 기다리고 있다면 믿어 주시겠소?"

여행

이집트로 여행하고 있는 만득이가 마침 스핑크스와 피라미드를 구경하게 되었다.

변함없이 스핑크스는 만득이에게도 문제를 냈다.

"아침에는 네 발, 점심에는 두 발, 저녁에는 세 발인 것이 무엇이냐?"

만득이는 너무도 쉽게 답을 맞췄다.

"사람."

이 대답을 들은 스핑크스가 놀라며

"하는 수 없지. 자, 지나가라."고 했다.

그러자 만득이는 스핑크스 앞을 지나가면서 말했다.

"고맙다. 스컹크야!"

외판원

백과사전 외판원이 만득이네 집을 방문했다.

만득이 엄마는 딱 잘라 거절하려고 하는데 옆에 있던 만득이가 관심을 보이자 외판원이 용기를 냈다.

"이 책 한 질을 사시면 아드님 공부에도 도움이 됩니다, 부인. 얘가 무얼 물어보아도 금방 해답을 찾아낼 수 있으니까요."

하며 만득이를 내려다보고 싱긋 웃었다.

그리고 만득이에게 물었다.

"얘야, 내게 무엇이든 질문을 해봐. 그럼 이 책에 나와 있는 내용들이 얼마나 도움이 되는가를 엄마에게 보여 드릴 테니."

만득이가 잠시 생각하더니 물었다.

"하나님은 어떤 자동차를 타고 다니시죠?"

계속 휘둘러

권투선수가 코치에게,

"죽어라고 주먹을 내리쳤는데도 상대방 녀석이 쓰러질 생각을 안 하니 이럴 땐 어떻게 하죠?"

코치 하는 말이,

"글쎄 말이다. 나도 모르겠다. 하지만 계속해서 팔을 휘둘러라. 바람 때문에 폐렴이라도 걸려서 그 망할 자식이 죽을 수도 있으니까, 계속 휘둘러!"

경험부족

어떤 부인이 속옷을 사러 백화점에 가서 실크로 된 속옷을 몇 가지 골라 가지고 계산대로 갔다.

남자 점원은 계산기로 옷값을 계산한 다음 옆에서 봉투에 담는 아르바이트를 하는 만득이에게 넘겼다.

만득이는 거기서 아르바이트를 시작한 지 며칠 밖에 되지 않았다.

만득이는 옷걸이에 걸린 속옷을 벗겨 내면서 좀 민망했던지 얼굴이 붉어졌다.

만득이는 속옷이 잘 벗겨지지 않자 머뭇거리면서 점원을 보며 물었다. "이거 어떻게 벗기는 거죠?"

점원이 대답했다. "때가 되면 알게 될 거야. 때가 되면 알게 된다구."

방탕

만득이는 학교 숙제로 바이런에 관해 공부하다가 아버지에게 "방탕"이 무슨 뜻이냐고 물었다.

아버지는 머뭇거리면서 얼른 대답을 못했다. 사실 만득이의 아버지는 영국 시인에 대해 아무런 지식을 가지고 있지 않았기 때문이다.

"아빠, 여기에는 이렇게 씌어 있어요."

만득이가 책을 읽어 내려갔다.

"바이런은 아내와 정식으로 이혼한 뒤 이탈리아로 건너가 방탕한 생활에 빠졌다. 이게 무슨 말이죠?"

"그 말의 의미를 네가 지금 알아야 할 필요가 없을 것 같다."

"하지만 아버지, 꼭 알아야 돼요."

"그건 말야, 그는 이탈리아에 있을 때 나쁜 사람이었다는 뜻이야."

"아, 알았다. 고마워요. 아빠."

만득이는 얼굴에 짓궂은 웃음을 띠며 고개를 끄덕였다.

만득이가 숙제로 쓴 글에는 두 줄이 특히 눈에 띄었다.

"바이런은 아내와 헤어진 후 이탈리아로 건너가서 재미를 보았다."

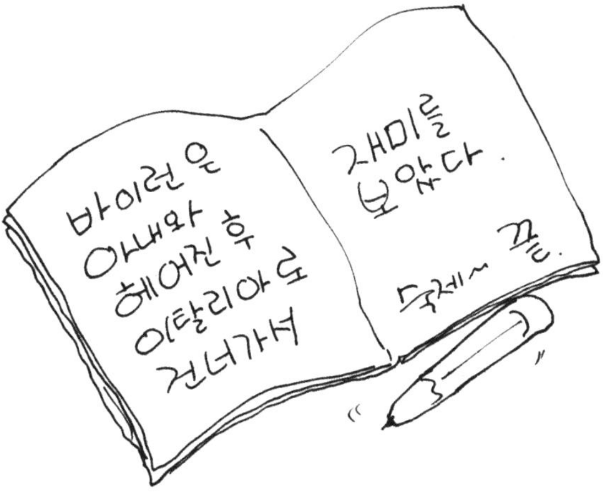

지옥과 천당

설교를 할 때마다 앞줄에 앉아서 조는 사람이 보이자 목사는 약이 올랐다.

어느 일요일 예배시간에 맨 앞줄에 앉은 그 사람이 또 코를 골자, 목사는 이번에야말로 단단히 혼을 내줘야겠다고 별렀다.

그가 작은 목소리로,

"천당에 가고 싶은 사람들은 일어나십시오."하고 말하자 코를 골고 있던 맹구만 빼놓고 모두가 자리에서 일어났다.

목사는 다시 작은 목소리로,

"모두들 앉으십시오."

하고 말한 다음 한껏 목청을 돋구어,

"지옥에 가고 싶은 사람은 일어나십시오!"하고 소리를 질렀다.

잠에 떨어져 있던 맹구는 깜짝 놀라서 벌떡 일어나

보니 목사가 화가 잔뜩 난 얼굴을 해 가지고 설교난에 서있었다.

그러자 맹구 왈,

"저, 목사님. 지금 무엇에 대한 찬반 표시를 하고 있는 건지는 모르겠지만 목사님과 저만 찬성을 하고 있는가 보죠."

비밀은 없다

"우리가 같이 잤다는 것을 비밀로 지킬 수 있어?"

"물론, 나는 지킬 수 있어. 한데 내가 영자한테 얘기했을 때 걔가 비밀을 지켜 줄지 그게 의심스러워."

쥐가 달아나다

"당신 부인이 아름답습니까?"

"아름답냐구요? 제기럴, 우리 마누라가 어떻게 생겼는지 얘기할 테니 들어 보구려. 쥐 새끼 한 마리가 나타났다가 우리 마누라를 보는 순간 기겁을 하고 껑충 뛰어서 테이블 위로 올라갑디다."

뭐든지 한다구?

매혹적인 몸매의 여대생이 시험이 끝난 후 아슬아슬한 치마를 입고 교수한테로 와서 아양을 부렸다.

"오늘 시험 결과가 신통치 않은 것 같아요. 교수니임, 낙제를 면하기 위한 것이라면 무엇이든지 할께용."

교수는 눈을 가늘게 뜨고 속삭였다.

"학생, 뭐든지 하겠다구?"

"그럼요, 말씀만 하세요."

"그럼, 공부해요."

자장가

형기는 항상 굵직하고 쩡쩡 울리는 자신의 목소리를 자랑스럽게 생각하고 있었다.

한번은 친척집 아기가 형기네 집에 왔다가 갑자기 큰 소리로 울기 시작하자 형기는 자장가를 불러 주기로 했다.

몇 소절을 부르고 있는데 이웃집에서 짜증스런 고함소리가 들려왔다.

"차라리 어린애가 울게 놔둬욧!"

복수

방실이가 학교 축제에 초대가수로 파티에 참석하자 남학생들이 그 주위를 에워쌌다.

한껏 멋을 부리고 온 홍국이가 용기를 내서 말을 걸었다.

"저, 다음 곡에 제 파트너가 좀 돼 주십시오."

방실이는 거만한 표정으로 홍국이를 힐끗 바라보며 말했다.

"미안합니다. 난 덜 생긴 사람과는 춤추고 싶지 않은데요."

그러자 홍국이가 큰 소리로 말했다.

"실례했습니다. 당신이 임신 중인지 몰랐어요."

뛰는 놈 위에 나는 놈

아주 노랭이 농장주가 있었는데 그는 일꾼이 밥을 먹기 위해 시간을 허비하는 것이 눈에 거슬렸다.

어느 날 아침 식사 후 그는 일꾼들에게 말했다.

"여보게, 밭에서 일하다가 다시 들어와서 점심을 먹으려고 몸을 씻고, 밥을 먹고 하는 것이 귀찮지 않은가? 아예 점심을 지금 미리 먹고 시간을 아끼는 것이 어떻겠나?"

일꾼들은 그러자고 했다. 농장주인의 아내가 많은 음식을 가져왔고, 모두들 다시 식사를 했다.

점심을 다 먹고 난 후에 인색한 그 농장주인이 이번에는 이렇게 말했다.

"여보게, 이왕에 먹는 김에 우리 저녁까지 다 먹어 버리는게 어떨까?"

이번에도 여러 음식을 내왔다. 일꾼은 그것도 먹어 치웠다.

"자, 이제 세 끼를 다 먹었으니 들에 나가 하루 종일 쉬지 않고 일할 수 있게 됐군."

농장 주인이 말했다.

"천만에요, 저는 저녁을 먹은 다음에는 일을 하지 않습니다."

일꾼 중 일용이가 대답했다.

남편과 여비서

"우리 남편이 여비서하고 바람을 피우고 있단다, 글쎄."

"아이구, 저런! 그럼 왜 파면시키라고 남편한테 얘기하지 그러니?"

"아냐. 난 지금 다이아몬드 목걸이가 하나 더 필요하단 말야."

여자가 더 좋아

어떤 세일즈맨이 회사 사장한테 컴퓨터를 팔려고 무진 애를 쓰고 있었다.

"이 컴퓨터를 사들여 놓으면요. 여자 사원 5명이 하는 일을 혼자서 모두 처리할 수 있걸랑요."

사장 대답,

"여보슈, 난 차라리 여자가 더 좋걸랑요."

임신한 남자

몸이 불편한 남자가 병원에 종합진찰을 받으러 갔다.

오줌을 시험관에 받아 가지고 간호사한테 갖다 주었는데 간호사가 실수로 쏟아버렸지 뭔가.

다시 받아 오라고 하기도 미안하고 해서 간호사가 다른 사람 오줌을 적당히 반씩 나눠서 담아 놓았거든.

그런데 하필이면 그 오줌이 여자 환자한테서 나온 거였든 모양.

남자 차례가 되어서 의사 앞에 앉아 있는데, 이 의사가 고개를 갸우뚱 갸우뚱하면서 자꾸만 오줌하고 환자를 번갈아 쳐다보는 거야.

환자: 선생님, 왜 그러십니까? 제가 어디 아주 나쁜 곳이라도 있나요?

의사: 거, 이상하다. 내가 의사생활 30년에 이런 경

우는 처음인데... 당신 임신이오, 지금.

환자: 네엣? 아이구 큰일났구나. 내 이럴 줄 알았어. 그년이 자꾸만 위에서 하겠다고 그러더니 기어코 날 임신시켰구나!

식인종의 후회

식인종이 며칠을 굶고 나니까 배가 고파서 견딜 수 가 없었다.

그때 마침 아주 예쁜 여자애가 하나 지나가는 것이 아닌가? 무조건 붙잡아서 죽여 가지고 배를 채웠다. 배가 부르고 나니까 후회막심.

혼자 중얼거리기를,

"아휴, 잘못했네. 먹고 먹을껄!"

미니스커트의 두 얼굴

"미니스커트는 두 가지의 얼굴을 가지고 있는데 뭔지 아냐?"

"두 가지 얼굴이라니? 그게 무슨 소리야."

"미니스커트가 짧으면 짧을수록 사람들은 더 길게(오래) 쳐다본다, 그 말이다!"

내 아들 살려내라구

어느 날 일용이가 기차를 몰래 탔다.

자리에 앉아서 돈 안 내고 몰래 탄 것에 너무 기뻐하면서 흐뭇한 미소를 짓고 있었다.

그런데 아이고! 승무원이 표를 검사하는 것이다.

승무원이 가까워지자 일용이는 당황해서 뒷칸으로 도망을 갔다.

승무원은 이상히 생각하고 일용이를 쫓아갔다.

일용이는 한 칸씩 도망을 가다가 결국 기차 끝까지 이르렀다. 기차 끝에서 불쌍하게 쭈그리고 앉아 떨고 있는데, 승무원이 차표를 보자고 했다.

일용이는 없다고 했다.

승무원이 화가 나서 일용이가 갖고 있던 가방을 빼앗아 기차밖으로 힘껏 던져 버렸다.

그러자 갑자기 일용이가 붉으락푸르락한 얼굴로 외쳤다. "복남아!"

수영 금지 구역

어느 날 갑순이가 시골 저수지에서 옷을 벗고 수영하고 있었다.

그런데 그곳으로 경찰근무지를 발령 받은 갑돌이가 다가와서 수영을 못하게 했다.

갑돌이: 죄송합니다, 아가씨. 여기 이 저수지는 수영금지구역입니다.

갑순이: 아니, 그러면 제가 옷을 벗기 전에 말을 해줘야지요. 옷을 벗는 것을 빤히 보고도 가만 있다가 옷을 다 벗은 다음에야 그런 말씀을 하십니까?

갑돌이: 제가 제재할 수 있는 것은 이 저수지에서 수영을 못하게 하는 것뿐이지 옷까지 벗지 못하게 할 권리는 저에게 부여되어 있지 않은 걸 어떻게 합니까?

잘못 가리킨 소

어느 먼 옛날에 영구가 산에서 나무를 하고 있었다. 그때 갑자기 선녀가 나타나 그에게,

"옷이 찢어져서 그러는데 좀 도와주세요."라고 말했다.

그러자 영구는 집에 가서 바늘과 실을 가져다 찢어진 옷을 꿰매 주었다.

너무도 고마운 선녀는 영구에게 그 보답으로 세 가지 소원을 들어 줄 테니 말해 보라고 했다.

그러자, 그는

"유덕화처럼 잘생기게, 람보처럼 멋있는 근육을 주세요."라고 했다.

그리고 끝으로 그는 항상 콤플렉스였던 그곳(?)을 저기 있는 소의 그것만큼 크게 만들어 달라고 부탁했다.

선녀는 그의 모든 부탁을 들어주고는 사라지고, 너

무도 기분이 좋은 영구는 마을로 내려갔다.

그러자 동네 처녀들이 그의 변한 모습에 푹 빠져 버렸다. 영구는 자신의 멋진 근육을 자랑하기 위해 웃통을 벗어 던지자 처녀들은 기절할 듯이 좋아하는 것이 아닌가!

그래서 그는 급기야는 바지까지 벗어 던졌다.

그랬더니 그 순간 동네 처녀들은 기절초풍을 하고 말았다.

그에 놀란 영구는 자신의 그곳을 보고는 너무 기가 막혀 선녀에게 따지려고 다시 산에 올라갔다.

그리고는 선녀에게 항의를 했다.

그러자 선녀 왈,

"니가 가리킨 소는 암소야."

선생님 너무 해요

선생님이 매일 지각을 하는 맹구를 교무실로 불러 꾸중을 하고 있었다.

"너는 어떻게 된 애가 하루도 안 빼고 지각이니?"

그러나 맹구는 반성의 기색은 고사하고 원망스러운 투로 말했다.

"선생님, 너무하세요."

선생님이 기가 막혀 물었다.

"아니 그래도 할 말이 있어?"

그러자 맹구는 출석부를 가리키면서 말했다.

"그럼요. 자, 이것 좀 잘 보세요. 제가 언제 매일 지각만 했어요. 결석도 가끔 했다구요."

큰 배 작은 배

흥국이 가족들 모두 동해안 해수욕장에서 휴가를 즐기고 있었다.

너울거리는 갈매기들 사이에 큼직한 고깃배가 나타나자 5살짜리 흥국이가 물었다.

흥국이: 엄마 배를 영어로 뭐라고 해?

엄마: 응, '십(ship)'이라고 하지. (모터보트를 가리키며)그런데 흥국아, 저기 씽씽 달리는 조그만 배를 뭐라고 하는지 알아?

흥국이: 음, 알았다. 큰 배가 '십'이니까 작은 배는 '십새끼'지 뭐.

사장의 휴가

회사 여직원이 다른 여자 친구한테 물었다.

"너희 회사에서 너는 휴가를 몇 주일이나 얻니?"

"공식적으로는 3주일이지만, 6주일간 휴가를 갖는단다."

"그건 어째서 그런데?"

"내가 3주일 휴가를 갖고 우리 사장이 3주일 휴가를 갖걸랑."

히프를 흔들며

"남자들이 대머리가 되는 이유는 끊임없이 두뇌를 쓰기 때문이라는 통계가 나왔대."

"그건 맞는 말인데 그렇다면 여자들의 엉덩이가 남자들보다 더 큰 것은 왜 그래?

"그건 여자들의 끊임없는 히프의 움직임 때문에 그렇겠지."

어명이요

대발이가 타임머신을 타고 조선 시대로 날아가 이조판서가 됐는데 왕이 채신머리없이 매일 코를 후비는게 아닌가.

성격이 대쪽 같은 대발이는 즉시 상소를 올렸다.

"상감마마, 체통을 생각하셔서 제발 코 후비는 것만은 그만두시옵소서."

그러자 왕이 대발이를 불러,

"이조판서도 한 번 해보게나. 얼마나 재미있는지 아나?"하고 말했다.

이 말을 듣고 대발이가 집에 와서 자기도 코를 후비자 부인이, "대감, 체통을 지키세요."하고 화를 냈다.

부인의 말에 대발이는 근엄한 표정으로 말했다.

"어명이요."

모로코가 어디에 있나요?

"너 오늘 학교에서 벌을 받았다며?"

"예."

아들은 아버지의 질문에 고개를 숙이고 대답했다.

"벌은 왜 받았니?"

"선생님이 모로코가 어디에 있느냐고 물으셨는데 알 수가 있어야죠. 그래서..."

아들은 얼굴이 벌개 가지고 고개를 들지 못했다.

아버지는 아들의 말이 떨어지자 마자 큰소리로 말했다.

"그것 봐라. 내가 평소에 뭐라고 했니? 무엇이든지 쓰고 나면 항상 제자리에 갖다 두라고 했잖아. 늘 쓰고는 아무 데나 두니까 그렇게 찾지를 못하지!"

자백을 했소

어느 날, 이집트 정부가 러시아의 고고학자에게 미라를 보냈다.

"이 미라를 연구하여 나이를 밝혀 주시오."

그러나 이 정보를 어떻게 알았는지 비밀경찰이 찾아 왔다.

"이 미라는 우리에게 맡기시오. 우리가 알아내겠소."

그로부터 얼마 뒤, 비밀경찰은 그 미라의 나이가 3,402살이라고 발표했다.

러시아의 과학자들은 깜짝 놀라며,

"정말 놀랍군. 어떻게 벌써 알아냈지?"

과학자들은 비밀경찰에게 전화를 하여 물어보았다.

"그것을 어떻게 그리 빨리 알아냈소?"

"아주 간단하죠. 미라가 자백을 했거든요."

내가 안 그랬어요

어느 날 저녁, 누이는 2층 방으로 자러 가고, 8살짜리 남동생은 아래층에 있는 자기 방으로 갔다.

그런데, 갑자기 '쾅!' 하며 뭔가 크게 부서지는 소리가 났다.

"어머머, 이게 웬일이야?"

너무도 놀라서 벌떡 일어나 밖을 내다보니 아닌 밤중에 이게 무슨 일인가. 글쎄, 큰 트럭이 인도를 뛰어 넘어와서 들이받고는 멈춰 서 있었다.

"큰일이네, 아래층에 있는 내 동생이 어떻게 됐을까?"

그녀는 황급히 동생을 큰 소리로 불러댔다.

"상훈아, 상훈아!"

그러자, 개구쟁이 남동생의 목소리가 들려 왔다.

"내가 안 그랬어!"